我们

每天，我聆听清晨第一声鸟啼
沐浴第一缕阳光
每天，我行驶在寂静的街头
踽独夜归
每一个日子
开启抑或结束
得到抑或放弃
我都是我自己

我首先是个人
然后我是一个女人
再然后，我是一个做企业的女人

我的世界很小
小到只有我和我的家人
甚至只剩下我自己
我的世界很大
我知道，心有多大

世界就有多宽广
这样的时候，我的世界
一定不是仅仅只有我自己
而是我、我家人、我员工
以及所有我爱和爱我的人组成的
天地

我们这些做企业的女人
联谊在一起
或者我爱
或者爱我
或者我爱与爱我并存
我们彼此倾吐
我们相互鼓励
我们共谋未来
我们同舟共济
我们自在自我自主自己
我们共享阳光普照，鲜花盛开……

杭商

指导：杭州市发展研究中心
　　　杭州市社会科学界联合会
　　　杭州市工商业联合会
编辑：杭州市《杭商》编辑委员会
出版：经济管理出版社

顾问（按姓氏笔画为序）
王立华　王水福　王越剑　王　姝　冯仁强　叶　明　叶建宏　刘庆龙　齐　力
孙丽平　陈小平　陈　涛　陈妙林　陈　瑾　何美华　李　虹　李继林　李　玲
辛　薇　张振丰　杨国琴　吴玉凤　汪力成　汪华瑛　宗庆后　郑桂岚　卓　超
胡征宇　赵玉龙　翁卫军　高乙梁　钱美仙　盛成皿　章　燕　裘　超　谭　飞

编辑部
社长／总编：马晓才
副社长：李　洁
副总编：楼燕红　季建强　徐青青

全媒体总监：何影丹
采访总监：姚　兰
编辑总监：沈　意
采访／编辑：沈丽萍　李　靖　周　珂　张飘飘　姬晨曦　王昭奕　吴慧中
　　　　　　张　通

图片顾问：高　杨　吴宗其　张晓冬
特约主笔：黄亚洲　朱晓军　孙昌建　孙　侃　徐迅雷　柯　平　俞梁波　卢文丽
特约摄影：罗晓韵　匡　琰

全媒体中心电话：0571-85068367
采访部电话：0571-85068763　85172735
设计部电话：0571-85157263　87703205
广告部电话：0571-85811315
发行部电话：0571-85102753

网址：www.cn-hsw.com
邮箱：460031076@qq.com
出版日期：2019年12月1日

主　办：杭商研究会
　　　　杭州企业品牌发展促进会
战略合作：杭商传媒
　　　　　杭州海外企业家投资联合会

08　陈妙林：与时间赛跑

82　王甜甜：蓝天下的向往

Contents
目录
2019年12月　总第103期

杭商公微

封面人物
浙江大学社会科学学部主任　吴晓波

人物

- 08 陈妙林：与时间赛跑
- 18 吴晓波：学者的本质
- 26 陈越孟：寻找风向的人
- 31 舒中胜：步履不停
- 42 尚可：最浪漫的事
- 56 梁建章：理性的胜利
- 63 王真震：大数据，新引擎
- 68 叶祥明：生命的宽度
- 74 桑张耿：生活是一席流动的盛宴
- 82 王甜甜：蓝天下的向往
- 88 俞春根：一片羽毛的重量
- 91 马海邦：双子星孵化
- 94 董志成：依托大数据，助力求职梦
- 98 汤志成：布局未来，拥抱酒店新零售
- 102 於兴友：让健康可视化

观察

- 114 许家印管理方法论：制度、流程与纪律

观点

- 125 马云：担当，从教育开始

演讲

- 128 稻盛和夫：人生因思维方式而改变

- 133 民办教育的百姓视角和文化自觉
- 136 万物皆由人

自述

- 141 张瑞敏：自以为非

乐享

- 146 伊斯坦布尔

资讯

- 158 企业传承：使命与责任
- 162 越南，投资新热土
- 165 中国税制改革：回顾与展望
- 168 学一点朗诵
- 171 一图一世界

看客

- 174 方洪波治下的"美的"新世界

记忆

- 182 怡和洋行与李嘉诚往事

形象

- 01 杭州市萧山区女企业家联谊会

- 04 杭州临安湍口众安氡温泉度假酒店
- 06 杭州临安湍口众安汇尊温泉度假村
- 81 金屋防水材料
- 106 钱江电气集团
- 108 建宏商品混凝土
- 110 开元管件
- 112 杭重科技
- 156 海南棋子湾开元度假村
- 181 杭商传媒
- 186 紧商科技
- 187 浙江数通
- 188 锦江绿色能源
- 189 豪康幕墙装饰
- 190 汇德隆实业集团
- 201 杭州盛泰开元名都大酒店
- 封底 浙商开元名都酒店

杭州 临安 湍口
众安氡温泉度假酒店
HANGZHOU LINAN TUANKOU
ZHONGAN RADON HOTSPRING RESORT

  湍口众安氡温泉度假酒店依托于湍口千年温泉建造而成，坐落于古城临安湍口风情小镇，境内八山环翠、四水合流，峰峦叠翠，四季鲜氧充沛，因整体以异域巴厘岛风情为主，故有"千年氡温泉，江南巴厘岛"之美誉。

  酒店按国际五星级酒店标准设计建造，总占地面积220亩，总建筑面积约6.9万平方米。是集温泉中心、水上乐园、餐饮美食、度假酒店、会议中心、天驿山庄、别墅为一体的理想旅游休闲度假场所。

  酒店拥有主楼客房192间（套），温泉中心客房105间（套），单体别墅（内设泳池）30栋，共计327间(套)，呈月牙状环绕在大堂的东、南、西侧，并与500人的会议报告厅和8个中小会议厅及中西餐厅相连。

  作为核心建筑的温泉中心，总建筑面积18000平方米，室内设有17个混合泡池，30多个户外泡池全部依山而建。靠近山顶还有8间小木屋，设有VIP泡池。享受千年温泉的洗礼，小啜一杯香茗，氤氲诗意间，恍若置身云端。

  100多亩的园林景观，植物茂盛，鲜花盛开。在欣赏秀美的自然风光的同时，更能呼吸到清新空气，享受更多的自然乐趣。

杭州临安湍口众安氡温泉度假酒店

地址：杭州市临安区湍口镇湍泉街188号
总机：0571-58686888 传真：0571-58686868
网址：www.zhonganjd.com
新浪微博：湍口温泉 微信号：za8021

難得自在 歸心處

杭州 临安 湍口
众安汇尊温泉度假村
Hangzhou Linan Tuankou
Zhonganhuizun Hotspring Resort & Spa

杭州临安湍口众安汇尊温泉度假村

地址：杭州市·临安区·湍口镇　　微信号：18806712686　　公众号：ZAHZ123zahz

☏ VIP：0571-5861 8999

不必再做湍口的旅客，
总价仅需210万起，成为温泉私邸的主人！

建筑面积约 **68-197㎡成品产权式酒店公寓**

★ **产品**：总体量约7.7万㎡，杭州唯一温泉养生精装私邸，规划排屋、平层、公寓三种类型，约68-197㎡户型由业主选择后定制构筑。

★ **主要特点**：私家温泉入户；依地势灵活布局，融于自然。

★ **配套设施**：360°山顶百米无边际泳池、约2000㎡康养中心、约2800㎡餐饮中心。

★ **交通贴士**：杭黄高铁已开通（距千岛湖站约35km，自驾约50分钟）；武杭高铁（预计2021年开通，途径临安昌化，湍口距昌化站约20km，自驾约20分钟）；临金高速（预计2020年通车）。

人物 PROFILE

陈妙林：与时间赛跑

□杭商全媒体记者　李　洁　王昭奕/文　徐青青/摄

时间是什么？时间是我们度过一生的媒介。

采访这天，刚刚过了小暑，一场温柔的新雨开启了2019年的下半场。在湘湖畔杭商传媒的会客厅里，陈妙林和记者聊起他的时间观。

"把过去留在回忆里，活在当下，为未来做准备。我要过好我的每一天。"这份感悟源于菲利普·津巴多的新书《时间的悖论》，对事业专注，对生活热爱，对自我观照，是陈妙林与时间相处的方式。

作为开元旅业集团创始人，过去的31年里，他一直与时间赛跑，在人生马拉松上奔竞不息。最新的行业排行榜上，开元旅业集团旗下开元酒店集团规模位列全球酒店集团第23位，入列中国饭店集团60强，成为中国领先的酒店集团之一。

2019年，他完成了两个赛点。2018年此时，陈妙林在接受记者采访时曾表示，卸任董事长之后，正式退休之前，还有两件大事要做完。推动森泊项目是其一，完成开元酒店管理有限公司上市是其二。两者皆尘埃落定——1月26日，湘湖开元森泊度假乐园全面试营业；3月11日，陈妙林在香港交易所敲响了开元酒店上市钟。

原本，陈妙林计划用两年完成目标，如今他跑到了时间前面，又萌发出新的理想，那是比金钱更高的追求。

"推动行业发展，为社会做一些力所能及的事。"他清楚地知道，人生短暂，喧嚣与无常不可避免，唯有步履不停，沉浸在当下，才能带来真正的快乐。

8年，诗意的森泊

沿着湘湖路，在前来采访的路上，路过杭州开元森泊度假乐园，陈妙林放慢了车速，摇下车窗。不远处，隔着淅淅沥沥的小雨，自然纯美的森泊显得静谧。

森泊，顾名思义，代表森林和湖泊。这里，是开元旅业集团在30年酒店开发和

■开元旅业集团创始人陈妙林

运营的基础上,通过引入流行欧洲的短期度假生活方式、结合当下中国游客度假需求而创新研发的全天候一站式休闲度假综合体。它是一个沉浸自然的酒店,更像是一个"自然游乐场"。

灵感来源于多年前的一次浪漫邂逅。大约8年前,陈妙林在欧洲第一次见到了中央公园酒店,这是一家有着40多年

出生于1952年的陈妙林,尽管已过了花甲之年,但始终充满活力,神采奕奕。这或许跟他平时的爱好有关,熟悉陈妙林的人都知道,他是狂热的马拉松爱好者。

人物 PROFILE

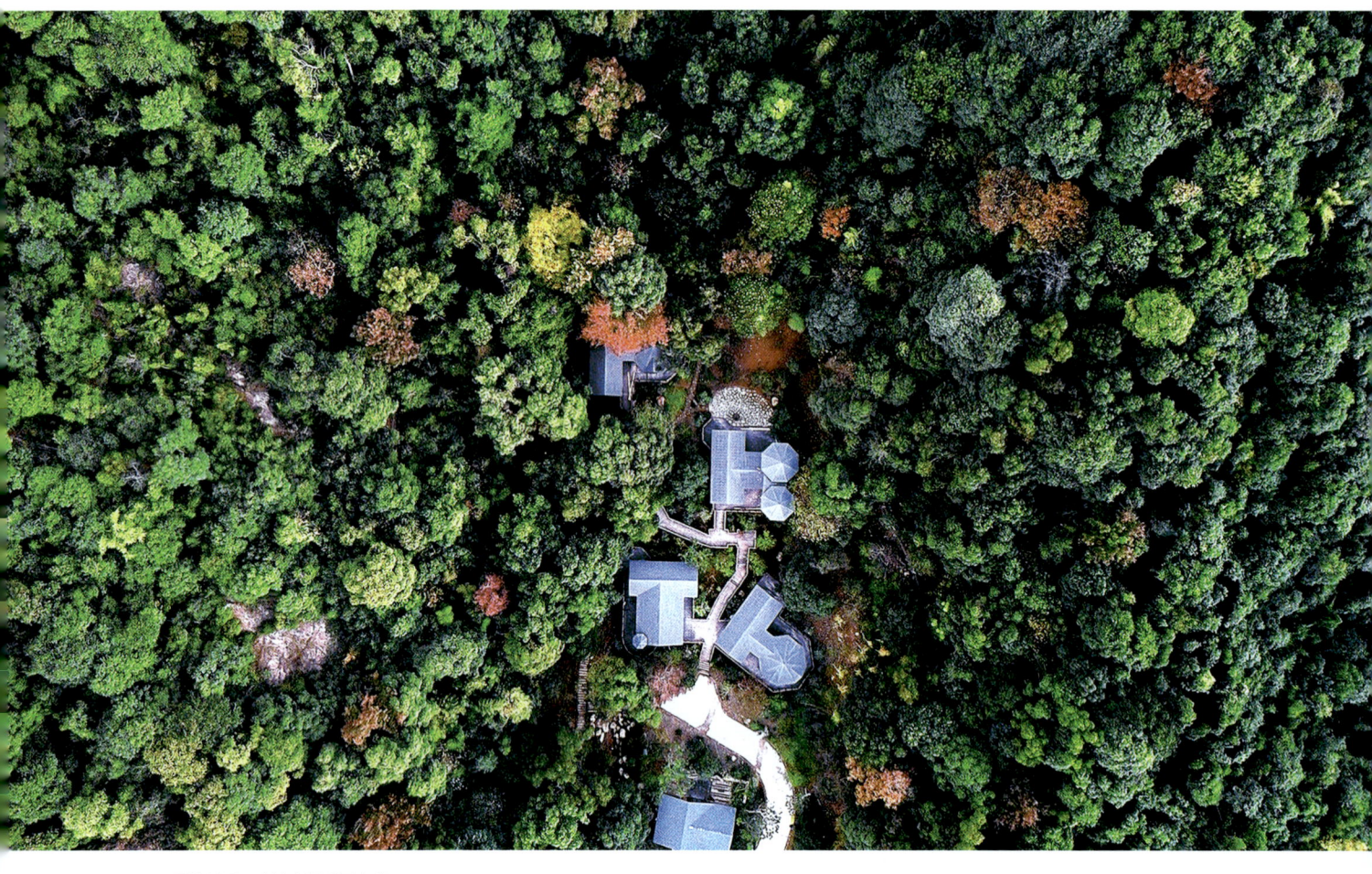

■杭州开元森泊度假乐园鸟瞰

2019年1月26日,湘湖畔,杭州开元森泊度假乐园全面试营业。乐园中,引进了欧洲中央设施的新概念,中央设施以热带雨林风格为特色,包含室内恒温水上乐园、室外水上乐园、儿童乐园、室内花园、电子游艺室、自助餐厅、集中式酒店等多个休闲娱乐板块。

历史的老牌酒店,遍布于欧洲多个国家,专注于家庭旅游度假。在中央公园酒店,宽敞舒适的房间、丰富完备的配套、宾至如归的服务,让陈妙林一下子就喜欢上了。

与此同时,陈妙林陷入深思,为什么欧洲几十年前的运营理念到现在依然适用?中国为什么还没有出现类似性质的度假酒店?这套运营模式是否适合国内市场?

中国经济突飞猛进,消费者对度假也有了新的期待。特别是80后、90后,选择度假酒店时,更加注重体验感、个性化,一站式休闲度假酒店成了新宠儿。

于是,打造亲子家庭度假旅游综合酒店的想法渐渐在陈妙林脑海里成形,"中国市场刚刚兴起,我们非常有希望将它做成"。如今8年过去,凭借30多年酒店行业经验,开元做到了真正的"以人为本"。

2019年1月26日，湘湖畔，杭州开元森泊度假乐园全面试营业。乐园中，引进了欧洲中央设施的新概念，中央设施以热带雨林风格为特色，包含室内恒温水上乐园、室外水上乐园、儿童乐园、室内花园、电子游艺室、自助餐厅、集中式酒店等多个休闲娱乐板块。

在森泊，完美的假期是这样的：隐居于树林景观之中，亲近自然，感受自然，分享自然。想象一下，迎着黄昏、穿越茶园竹径，位于山谷的木屋是你今晚的家。夕坐阳台，耳边听到的是蝉鸣鸟语；推开窗，触手可及的是沾着露水的杨梅；漫步百米，派对屋里的新朋友们邀请你进去共饮高歌；夜晚，枕着满天星入眠……

开业第一天，陈妙林带着家人体验了森泊。"我外孙特别喜欢树屋的设计，爬上爬下，玩得很开心。"家人的体验感是陈妙林不断改进设计的灵感来源。在森泊项目规划之初，陈妙林就常常把两个女儿叫到会议室开会，谈到专业的问题，两个女儿常常一针见血地指出："老爸，您的这个理念'过时'了。"

例如树屋的设计，"对于我这个年龄层可能不太适应，但是年轻人和小孩子就非常喜欢。"在树屋上，不仅能俯瞰整个湘湖的美景，还能在露天平台上开party，与自然来一个"光合作用"。陈妙林告诉记者，未来在森泊，还会加入更多的童趣。

树屋只是惊喜之一。只有深入了解消费者真正的需求，才能走入消费者的心里。遵循自然生态低密度开发的原则，森泊的客房散落在湿地、山林和湖边，有一室一厅的奢华独栋，也有两室一厅的家庭套房，更有树屋、星空房、聚会别墅等各类特色度假屋。

除了湘湖畔的森泊，规模更大的莫干山开元森泊度假乐园也将在暑期亮相。1200多个房间，是湘湖森泊的3倍，隐匿于竹林深处，竹影绰绰，树林的神秘自然之感，让人心旷神怡。"同样是森泊品牌，但绝不是简单的复制。因地制宜，我们会加入不同的服务和体验内容。"

■海南棋子湾开元度假村

人物 PROFILE

从开元董事长的位置上卸任,陈妙林的征途不曾停止,他现在的目标是要让森泊在更多地方落地。在陈妙林眼里,森泊会成为一个港湾,让更多的人有机会亲近自然,释放天性,乐享四季。

14载上市之路

站在时间的这条跑道上,每一个终点都是新的起点。3月11日,开元酒店结束了长达14年的上市之路,迎来了新的起点。在港交所敲响钟声的那一刻,陈妙林在想些什么?

"敲钟的时候内心很平静,因为早就有思想准备。"陈妙林的这个回答并不出人意料,这已经是开元第三家上市公司了。

2013年,以开元优质资产打包而成的开元房地产信托投资基金在香港联交所挂牌;2015年,开元物业挂牌新三板;2019年3月,开元酒店携手投资者携程和GreenTree(格林豪泰)成功上市,意味着开元集团主业主板上市的征程终于画下了圆满的一笔。

酒店,是开元集团的主业,让主业在主板上市是14年前就定下的目标。虽说在敲钟的那一刻,陈妙林的内心是平静的,但这14年的上市之路并不平凡。

从一家县级招待所起步,到如今涉及酒店、房地产、物业管理和其他各种新兴产业的大型旅游投资与运营集团,可以说,开元旅业在中国酒店、旅游领域写下了无法复制的篇章。

■2019年3月,开元酒店携手投资者携程和GreenTree(格林豪泰)成功上市

■杭州开元名都大酒店

2005年，开元曾计划将浙江开元萧山宾馆、杭州开元之江度假村等整体打包上市，募集资金2亿~3亿元。不过，当时恰逢香港财务制度变化，开元酒店上市计划不得不推迟。

2008年，开元重启上市，但是全球金融危机席卷香港股市，这一计划再度搁浅。不过，开元并未放弃上市融资的计划。陈妙林决定将旗下轻重资产进行拆分，2013年，开元将旗下5家自持物业的酒店房产资产打包，以产权信托投资基金方式在证券市场曲线完成上市目标。这在当时也开创了国内酒店行业的先例。

不过，陈妙林一直不满足于酒店资产的上市，从资本市场的角度出发，酒店管理的这部分轻资产市值更高，也更受市场青睐。而这次终于成功上市的，就是包括酒店经营和管理在内的轻资产部分。陈妙林表示，开元一直致力于上市，最主要的目的并不是为了融资，开元酒店的资金是充足的。上市更多的是为了提升开元品牌在全国的知名度和影响力，以及有助于企业更进一步规范运作，为股东、宾客、业主和员工创造价值。

热衷于跑马拉松的陈妙林曾经说过，跑马

人物 PROFILE

拉松是有终点的,做企业是无止境的。14年长跑,一朝梦圆,在未来港股跑马路上开元能走多远?陈妙林和开元集团要做的事情还有很多……

与携程和GreenTree(格林豪泰)的合作,打来了开元酒店新的发展局面。线上,一直是开元涉及较少的领域,而携程的平台恰好可以弥补这一不足。"通过网络订房,可以带来30%~40%的客源。"陈妙林表示,有了线上平台的支持,开元未来的核心竞争力会不断提升。

开元酒店上市之后,陈妙林有着自己的规划,"开元的酒店轻资产运营管理板块上市,只是开元'百年老店'目标的一个节点,最终的目标是让开元的品牌长远发展。"

如今,开元旅业集团旗下开元酒店正在从一个区域性的知名品牌向全国性的知名品牌跨越。集团拥有12个酒店品牌组合,涵盖中档至高档系列酒店,包括开元名都、开元度假村、开元大酒店、开元观堂、开元曼居、开元名庭、开元芳草地乡村酒店、开元颐居、芳草青青房车营地、开元森泊、开元美途和阿缇客等酒店品牌。

开元旅业集团的版图里,12个品牌酒店已遍布全国,乃至全世界。这些品牌针对不同需求的客户,例如绍兴大禹开元观堂,是开元文化主题酒店极为成功的典范,紧跟着闪亮登场的还有宁波十七房开元观堂、盐官古城开元观堂。绍兴大禹开元观堂由大禹守陵古村改造而来,宁波十七房是宁波帮发源地,盐官古城是当地特色民居……开元人将它们再造,让人们尝试到不一样的居住体验。又如"开元芳草地乡村酒店",该系列主打乡村主题,在长兴、建德相继开业。漫步竹林,行走茶园,独坐品茗,静看夕阳……所有关于自然的想象都能在这里实现。

"这就是我们打出来的口号,总有一款适合你。"对于未来,陈妙林期待着,开元拥有更多忠实的"粉丝",他们把开元当作自己旅途中的家,而开元把他们当作自己的家人和朋友。

2019,最好的一年

对于开元来说,2019年是收获的一年;对于陈妙林本人来说,2019年也是最好的一年。

这一年,杭州开元森泊度假乐园开业,开元酒店上市,两件大事的落地让陈妙林有了更多的时间去丰富业余生活。在事业上,他是掌控大局的决策者;在生活上,他是平易近人的运动达人。

出生于1952年的陈妙林,尽管已过了花甲之年,但始终充满活力,神采奕奕。这或许跟他平时的爱好有关,熟悉陈妙林的人都知道,他是狂热的马拉松爱好者。

湘湖景区风景宜人,也是跑马拉松的好地方。"基本上我每周日都会跑一次,有时候在滨江,有时候在湘湖。"说起马拉松,陈妙林不自觉地提高了音量,"时间充裕的话,沿着湘湖,来回正好25公里"。

作为运动达人的陈妙林,2018年一共跑了18场马拉松,参加了8场铁人三项。这份跑马拉松的坚持与毅力,也反映在了开元的发展上。陈妙林认为,办企业跟跑马拉松有着相通的关系,"最困难的时候,冷静下来,挺一挺,咬咬牙,可能就柳暗花明了,挺不过去,可能就没有这家企业了"。工作和运动,在陈妙林身上,达到了完美共振。

除了马拉松,羽毛球、乒乓球、篮球、高尔夫、游泳、唱歌、书法、阅读……陈妙林的兴趣爱好不胜枚举。最近让他产生共鸣的书是《时间的悖论》,他很赞同书中的一个观点——时间比金钱更重要。

是的,陈妙林对于时间的把控有着严格的标准。每天早上6点钟起床,起床以后跑步或者游泳,中午会休息半小时,下午1点半起来工作,晚上10点回家看书,不超过12点准时入睡。这就是陈妙林的固定生活模式。

"时间比金钱更重要。"陈妙林强调了好几遍,在他看来,人生除了金钱以外,更应该追求成就感,"和跑马拉松一样,我们为什么拼命地去跑,跑的时候是痛苦的,但是跑完以后这种成就感和满足感,不跑马拉松的人是体会不到的。企业也是一样,得到了社会的认可,就是一种成就感"。

随着年龄的增长,陈妙林在给自己的人生做减法,他清楚地明白,开元的故事能够继续下去,要流芳百世,不是他一

如今,集团拥有12个酒店品牌组合,涵盖中档至高档系列酒店,包括开元名都、开元度假村、开元大酒店、开元观堂、开元曼居、开元名庭、开元芳草地乡村酒店、开元颐居、芳草青青房车营地、开元森泊、开元美途和阿缇客等酒店品牌。

■开元千岛湖度假村

个人能达成的。自2017年正式宣布卸任开元旅业集团董事长一职，陈妙林开始放手。正如他卸任时所言，"留点时间给自己，留点空间给后人，愿开元有一个更美好的前景"。

有三件事他始终坚持："一是保持身体健康，二是坚持运动，三是力所能及地参与社会活动。"他希望做一些事，推动行业的发展。作为中国旅游协会副会长、浙江省旅游协会会长，他为国家旅游产业的发展出谋划策，四处奔波，这份事业远比管理开元繁杂，也是在他的推动下，世界旅游联盟落户于湘湖。

"忙忙碌碌、开开心心、实实在在。"陈妙林用了三个词语形容过去这一年。

"忙忙碌碌，是过得比较充实；开开心心，是酒店新开了四十几家，自己跑了多个马拉松和铁人三项；实实在在，是开元一直脚踏实地，扎实做好自己的事。"

与时间赛跑。未来，跑在人生的马拉松上，陈妙林还会走得更远，看风光无限，精彩万千。

■在生活上，陈妙林是平易近人的运动达人

开元历史

1. 初创时期：1988~1994年

1988年1月1日，萧山宾馆建成开业，它是开元的第一家酒店。1991年，开元参股管理之江宾馆，将其改造为杭州开元之江度假村，成为浙江省首家高星级度假酒店，开元迈出连锁酒店经营的第一步。

2. 连锁发展：1994~2000年

1994年7月，浙江萧山宾馆股份有限公司成立，开元开始了第二次创业。这一时期，开元在本地先后成功兼并多家酒店。

1999年8月，宁波开元大酒店开业，成为开元跨地区连锁经营的首家酒店。

3. 多元扩张：2001~2005年

2001年，开元进军房地产产业。

在这一时期，凭借"酒店+房产"联动开发模式，开元酒店连锁快速发展。

2004年，杭州千岛湖开元度假村建成开业。2005年，杭州开元名都大酒店建成开业。开元酒店开启了"五星"时代。

开元还于2004年进入工业领域。

4. 资本运作：2006年~

2007年开元引入战略投资者——美国凯雷（Carlyle）投资集团，开始企业资本化运作。

2013年7月，开元产业信托（02175.HK）在香港联交所主板成功上市。这是开元第一家上市公司，也是全球资本市场第一个中国的酒店REIT。

2015年3月，开元物业（股票代码831971）在新三板挂牌上市，成为国内首批挂牌上市物业公司。

2019年3月，开元酒店（01158.HK）在香港联交所主板成功敲钟上市。

5. 海外市场开拓：2013年~

2013年5月，开元收购德国法兰克福金郁金香酒店，开元品牌开始迈向国际。

2014年12月，开元收购法国波尔多地区的璧萝酒庄。

2016年6月，法兰克福开元名都大酒店正式开业。同年7月，开元产业信托收购荷兰埃因霍温假日酒店。

6. 新时代业态创新：2014~

2014年，开元成立专业养老投资管理公司——开元颐养，开始涉足养老产业。2017年3月，集医养一体的杭州开元之心颐养园开园。

2016年5月，开元发布全新酒店品牌"开元芳草地乡村酒店"。同日，首家酒店——长兴开元芳草地乡村酒店开业。2018年1月，杭州富春开元芳草地乡村酒店开业。

2017年6月，开元发布又一新品牌"芳草青青房车营地"，同日，海宁盐官开元芳草青青房车营地投入营运。2016年，开元在国内首创的大型旅游综合体项目——开元森泊相继在杭州和德清两地开工。总投资11.7亿元的杭州开元森泊度假乐园于2019年1月建成并全面开园；总投资20亿元的莫干山开元森泊度假乐园项目预计于2019年夏季建成并试营业。

责任编辑/楼燕红　　本文部分图片由开元旅业集团提供

人物 PROFILE

吴晓波：学者的本质

□杭商全媒体记者　李　洁　姚　兰/文　徐青青/摄

　　浙江大学社会科学学部主任、浙江大学"新管理与持续竞争力研究"国家哲学社会科学创新基地主任、浙江大学—剑桥大学"全球化制造与创新管理联合研究中心"中方主任、睿华创新管理研究所联席所长、教育部长江学者特聘教授……拨开所有缠绕在浙大教授吴晓波身上的头衔，他自我评价，"骨子里是个学者"。

　　过去30年里，这位温文尔雅、文质彬彬的学者，以培养"引领中国未来发展的健康力量"为己任，捧着一颗学者心，探究中国企业"之所以然"，参与了一段波澜壮阔的创新之路。

　　如今，浙大系崛起为杭州创业的"新四军"之一，并逐步成为中国创新创业的领军力量之一。作为浙江大学管理学院的核心人物，吴晓波在其间起到的作用不言而喻。

纯粹的快乐

　　光环加身，角色多重。当记者问到他当下的工作重心时，吴晓波果断地回答了"教学、科研"。沉浸其中，带给他纯粹的快乐。

　　他总是很忙。不做院长后稍稍轻松了两年，最近他又被任命为浙江大学社会科学学部主任，上周有一天仅开会就开了四个。他每天也睡得很晚，通常要到1点以后。他当然也想早点休息，可是经年累月，快节奏的生活已变成了他的习惯，变成工作即生活，两者融在一起了。

　　在这样的节奏里，吴晓波始终把工作重心放在教学科研上。他的身份认知首先是一名学者、一名老师。无论角色如何变化，他坚持给本科生上了快30年的课，把战略管理、创新管理的知识传播给一届又一届的浙大学子。

　　吴晓波清楚地了解，年轻人常有一颗不安分的心，"他们总有一些想法在那边

浙江大学社会科学学部主任、浙江大学"新管理与持续竞争力研究"国家哲学社会科学创新基地主任、浙江大学—剑桥大学"全球化制造与创新管理联合研究中心"中方主任、睿华创新管理研究所联席所长、教育部长江学者特聘教授……拨开所有缠绕在浙大教授吴晓波身上的头衔，他自我评价，"骨子里是个学者"。

人物 PROFILE

躁动，渴望发生一些不寻常的事情"。于是，"过不一般的大学生活"成了浙大全国首创的"创新与创业管理强化班"每年招新的口号。

每年，60个来自不同专业的学生，经过两轮选拔，方得以进入这支浙大系创业"特种部队"。吴晓波亲自为这支部队教授第一门课，讲述最基础的课——管理学。

2019年，这个班级正好到了第20个年头，它所培养出的优秀人才里，有杭州的创业明星，也有上市公司的创始人，他们活跃在浙江甚至全国，更有人把事业拓展到了印度、非洲等海外其他国家。"这体现了我们的精神，叫科技改变世界。"吴晓波有一点自豪。

名声在外，师德在内。每一年，都有大批人报名，希望成为吴晓波的入室弟子。那么，他选择学生的标准是什么呢？

第一个关键词是有教无类。

"在我眼里，学生各有特点，各有专长，都有潜能，我是一视同仁的。但如果他选了你，你也选了他，那你就用你作为一个教育者的理念和心态去培养他，这个是关键。"

第二个关键词是不功利。

"我根本没有某一种事先的标准，更没有功利性的标准。不功利，既是我选学生的基本原则，也是我做人的原则。"吴晓波认为，作为一名教育工作者，消除功利之心非常重要。

第三个关键词是"上进心"。

吴晓波在选择学生的时候，偶尔会故意放慢节奏。"有些人跟我说'选我选我'，哪怕我大致认可他的外在条件，我还是会等一下，看他后面会跟我说些啥，他是用他的功利来打动我，还是用他的上进心。"他说，"有大荣誉也好，小荣誉也好，或者是普通的无名小卒，还是看他是不是有一颗上进的心，他是不是追求梦想、追求变化？有那么一颗不一样的心就可以"。解释完自己选学生的理念，他不忘补充道，有些是说不清楚的缘分，有时候也是一念之差。

对于中国管理理论的研究，吴晓波特别强调"顶天立地"的学术理念。顶天，指的是对话国际前沿理论研究，把握学科的动态和前沿问题，用国际化的学术语言诠释基于中国实践的管理理论；立地，则要求深入中国管理实践，从实践中来，到实践中去，提高管理理论研究的实践效用。观其言，察其行，吴晓波正是"顶天立地"这四个字的践行者。

"如果说我有什么长处的话，就是我愿意很深入地去研究企业。"酷爱实地调研已成了吴晓波的一个特点。凡是去企业调研，他必去三个地点，车间、厕所、仓库。他认为，调研不只是去董事长或是总经理办公室里聊天、喝茶，调研需要细致、深入，"你看了这三个地方，才知道这个企业到底管理得好不好。"他不经意地透露自己调研企业的秘诀。

有着共同爱好而惺惺相惜的学者间，有时候也会发生有趣的比试，就如吴晓波和藤本隆宏之间。

东京大学教授藤本隆宏提出了"丰田生产模式"，其是日本鼎鼎大名的企业之父。几年前，吴晓波受藤本隆宏邀请，一同调研了四家日本管理得最好的企业，京瓷、欧姆龙、岛津、大金。

吴晓波时任浙江大学管理学院的院长，他主动对藤本隆宏说，"我做院长太忙了，但我还是坚持去企业，每个月至少会去一个企业"。说完，他等着藤本隆宏的回复。

藤本隆宏淡定地说，"我已经70岁了，我每周会去一个工厂观察和研究"。

回忆往事，吴晓波向杭商传媒记者传递了他对藤本隆宏这样的学者的敬意，"这些学者以脚踏实地的态度真正在做研究，他们也影响了我"。他至今记得，藤本隆宏调研企业时，随身带着一个小本子。他来到车间里，总是喜欢和工人谈话，仔细询问这个工位的工作情况，尽可能多地将谈话内容记下来。而吴晓波也践行着这样的研究道路，"我们所要认识及建立的体系，就是既顶着世界的高端和最前沿，又脚踏实地，这样才能做有意义的研究以促进全社会的发展。"

拥抱创新

2005年，在庆祝SCIENCE创刊125周年之际，该刊向社会各界提出了125个最具挑战性的前沿科学问题，其中一问与社会发展有关。

"为什么一些国家向前发展，而有些国家的发展停滞？"

这个问题的提出背景是，近100年来，最穷的国家与最富的国家之间的差距不仅没有缩小，反而在拉大。为什么发展中国家总赶不上发达国家？

近年来，吴晓波的"二次创新"理论在国际上越来越得到认可。事实上，他的理论也为这一SCIENCE之问给出了自己的解答。

如果把国家微缩到企业，向前发展的企业表现如何？

首先，我们不妨以吉利集团为例，并借用第三方的目光，来管窥一二。

"丰田模式"提出者藤本隆宏与吴晓波的交情始于2003年，当时，他来到杭州，通过网络渠道，找到了时任吉利集团总裁战略顾问的吴晓波来了解吉利的信息，并借吴晓波的帮助前往吉利临海工厂参观。

参观完后，回到杭州的藤本隆宏请吴晓波吃饭，两个人围绕各自对吉利汽车的看法边吃边聊，他颇不以为然地提出了自己对吉利车型的疑问。在国际汽车界领域，小型车的话，两厢就足够了。吉利如此简陋的小型车，为什么要做成大车的"轿车"样子？

吴晓波说，吉利汽车目前起步条件很差，但是会进步很快。"根据我的二次创新理论，我们中国企业的创新，往往起步于将引进技术与当地需求结合，快速地赢得后发优势。"至于车型，吉利做的是基于中国本土需求的创新。在中国人心里，哪怕是很小的轿车，也得是三厢的。

听了回答，对于吉利的未来，藤本隆宏摇了摇头。

2013年，应吴晓波邀请，藤本隆宏出席了于浙大召开的"全球化制造与中国"国际会议，他要求再去吉利汽车看一看。彼时，吉利汽车已经成功收购了沃尔沃、英国锰铜、澳大利亚DSI公司，一时名声大噪，这中间正好是一个十年。

从宁波工厂回来后，藤本隆宏对吴晓波说，"太不一样了，你们中国企业学习太快了！"

"吉利用实力彻底改变了藤本隆宏的观念。他佩服中国企业的学习能力，但认为中国企业在学习中创新的规律，需要被更好地提炼和总结。"吴晓波说，"而我做的工作就是总结提炼我们中国企业从快速追赶到超越的这种规律，又或者说，解读成功追赶背后'之所以然'"。

那么，吴晓波的"二次理论"究竟是怎么形成的呢？让我们跟着吴晓波回到1989年。

当时，吴晓波正在杭州齿轮箱厂、杭州制氧机厂这两家工厂进行蹲点调研。在大约三个月的调研期间，他每天跟着工人一起上下班。正是在这两家工厂的创新实践中，吴晓波触摸到了"二次创新"理论的雏形。

当时国内外的主流观点认为，中国的企业创新就是引进技术、消化吸收、再创新，而这与吴晓波的观察相悖。吴晓波敏锐地发现，在把国外技术引进来的第一个阶段，中国企业就开始进行大量的创新了，尽管这些创新显得并不那么起眼。例如杭氧从德国林德公司引进整套技术后，工人们在学习新原理的同时，进行了大量本土化的零部件和流程改进，也就是工艺创新。

人物 PROFILE

结合前人研究及工厂调研，吴晓波有了另一个发现，企业的组织学习模式是沿着产品及技术的生命周期不同阶段的演化而动态变化的，而最关键的是在技术生命周期的更新阶段所呈现的"混沌"。当时，杭氧已引进并习得了第五代技术，正在努力迈向第六代技术，那么代与代之间是什么关系呢？是再引进还是自主创新？在这个范式的转变过程中，出现了非常多的混沌的现象和非线性的变化。这就是越过"追赶陷阱"的关键"机会窗口期"。

这时，中国企业是怎么做的呢？杭氧的台账清晰地记录了企业做过的和正在做的事情。在引进技术之后，杭氧调集来自于不同部门的成员，成立攻关小组，并不满足于被动的消化吸收，而是更多地以我为主地突破技术瓶颈。

过去30年里，这位温文尔雅、文质彬彬的学者，以培养"引领中国未来发展的健康力量"为己任，捧着一颗学者心，探究中国企业"之所以然"，参与了一段波澜壮阔的创新之路。

以吴晓波做典型调研的两个企业为例，它们都通过对引进技术的二次创新，赢得了后发优势，并成功越过了"范式转变"期的追赶陷阱，最终实现后来居上。随着研究企业的数量增多，吴晓波"二次创新"的理论得到了进一步的验证和完善。他认为，正是中国企业的二次创新，帮助企业赢得了后发优势。

传统西方创新理论聚焦一个生命周期内的变化，先是产品创新，接着是工艺创新，然后面临衰落。然而，吴晓波发现，中国企业实现快速追赶并超越的关键是抓住从一个周期更新到下一个周期的"机会窗口"。中国的领先企业在越过周期间的混沌期时，形成了很多特色做法。基于对中国企业特色实践的总结，吴晓波引申出了很多对管理理论和方法有贡献的新观点、新规则，并逐渐形成了自己的整套"二次创新"理论。

作为一众企业的战略顾问，吴晓波得以把自己的理论应用到企业的实践中去，使这些企业在科学理性的指导下更好地发展，这当中不乏今日鼎鼎大名者如吉利汽车、海康威视、西子联合、亨通集团等，这些企业共同叙述了中国企业二次创新的故事：那就是在引进国外技术之初即快速推进"二次创新"，上台阶后以我为主开展"后二次创新"，再上台阶突破原有技术范式的局限进而抓住下一个创新范式，实现从追赶到超越的后来居上。

在吴晓波打磨二次创新理论，与中国企业共同成长的这些经历里，他与华为结缘20多年的故事不得不说。

1998年，刚从英国剑桥大学访学归来的吴晓波受华为邀请，前去讲授人力资源与创新管理的课程，双方就此结识。吴晓波回忆道，那时华为尚处于起步阶段，内部的技术能力、管理体系尚且落后。但是，"这个时候它像海绵一样，拼命在吸收各种各样的知识及资源。"

后来，他还专程赴华为讲授了"二次创新"管理体系，在院长任内还去做过华为大学的"引导员"。华为大学是华为培养干部的黄埔军校，非常特别的是，去学习的干部都得自己交学费，还得扣误工费，华为以此把干部的被动学习变为主动学习。在做"引导员"的两天里，吴晓波对学员进行点评、引导，与之讨论。短短两天的华为大学引导员经历，让吴晓波触动很大，"在这个过程里，我看到一流的企业到底是怎样奋斗出来的"。

基于相似的价值观，浙江大学管理学院与华为特训营合作筹建了浙江大学睿华创新管理研究所，吴晓波本人及华为国际咨询委员会顾问田涛担任联席所长。

新诞生的研究所由吴晓波命名，名字叫"睿华"。"睿是睿智，华是华为、中华。她蕴含了我们的希望，研究和培养更多优秀的中华企业。"五年下来，睿华秉承着华为和浙江大学管理学院共同的价值观，聚集志同道合者，脚踏实地做研究，在一年四次的"睿华管理四季论坛"中与许多"成长型企业"领导们和众多华为前任高管们坐而论道，分享华为之道，共同探讨企业成长的真谛。

经年累月地打交道，华为成了吴晓波近期研究的重心之一。他向杭商传媒记者总结道，华为的成功遵循的正是二次创新理论所描述的成功之路。在二次创新中实现快速追赶的华为并不甘于享受既得的后发优势，而是选择了通过"后二次创新"再往上升级，进而越过范式转变期以及混沌期，进入"无人区"。在这个阶段，吴晓波引入了任正非的"灰度管理"一词。他指出，在越过范式转变期、混沌期的时候，适时摆脱"非黑即白"的西方传统管理理论的束缚，实行"灰度管理"是一种创举。

"特别是在一些特殊时期，把握事物将呈现的动态性和非线性规律是极其重要的。我干的正是不断研究规律、传播规律，然后把它带给更多的企业的工作。"吴晓波如是阐述他学者的使命。

为了完善自己的理论，吴晓波不仅研究成功的企业，更分析失败的企业。在这些失败的企业身上，我们可以看到：正是一味被动地"消化吸收"使得它们不能越过技术范式的转变期，而掉进追赶的陷阱！这正是对前文SCIENCE

人物 PROFILE

之间的解答。

吴晓波给出了自己的观点，很多失败的企业，就是因为仅仅满足于引进、消化吸收，然后进行所谓的再创新。事实上，由于技术发展，当它进行再创新的时候，往往是技术与市场均已换成下一个范式了，此时将不可避免地陷入再次重复引进消化吸收再创新的恶性循环。他指出，唯有那些成功进行二次创新的企业，才能够越过追赶的陷阱，进而向上跃升。

定义C理论

这是一个在不同场合，反复讲述过多次的故事，再聊起来，依然让人触动。

20世纪80年代初，作为改革开放后的第一届大学生，吴晓波本科毕业于浙江大学电机工程系，随后被分配到北京，成为国家林业部的助理工程师，可以说风头正劲、前途无量。他对这段经历这样描述，"哪怕在中央机关里处处得到重视，我心里还是有一些不甘。我并不想看着自己那么年轻就成为一个高高在上坐办公室的人。提升能力的空间在哪里？"

这个时候，吴晓波看到了一本书，改变了他的职业生涯。

这本书是商务印书馆1983年出版的《来自竞争的繁荣》，它是一本薄薄的小册子，橘色的封面夺人眼球。其作者路德维希·艾哈德，西德战后第一任经济部长，在书中讲述了德国怎样从战后废墟里成长起来反超法国。

吴晓波指出了这本书的基本意义——它描述了社会市场经济是如何在政府正确政策的指引下，激发民众创新创业的潜力，通过民众和企业家的行为来改变自己和社会，最终有效分享整个社会的发展成果的。

这本书打动了吴晓波，他直言："看了这本书，我认为，国家要发展，光靠埋头苦干和理工、工程、技术还不够，还要学习管理的知识。"

出生于困难时期的吴晓波，亲历了中国社会的巨大变革。在国际交流中，他常常跟外国人这样讲，"我为自己能够加入到中国社会巨变的洪流而感到骄傲"。

作为早期经过严格筛选而公费留学的学者，吴晓波面临过一个典型的去留问题。同时期的很多人留在了国外，而吴晓波是个例外。"我是坚定地回来的。"他轻声说，"我认为，中国还是要靠中国人去改造，去提升。"

吴晓波注意到，很多留在海外的人成了一个旁观者。更有甚者，一些人在发达社会里享受着各种高福祉，却又反过来居高临下地埋怨中国的各种不是。"其实我也讨厌社会中许多不好的方面，但总是想着如何尽力去改变。而那些在外面抱怨国内的人却没有想过发达国家今天的福祉是怎么得来的。"他停顿了一下，说："发达国家的福祉不是从天上掉馅饼掉下来的。社会的变革靠的是每一个国民的努力。我们作为受到国家培养而学有所成的人，得以为国家的进步而尽一分努力，这才是值得骄傲的事情。"

是时候了！这些年来，总有一个强烈的声音在回荡，推动着吴晓波致力于树立全新的C理论。他向杭商传媒记者预告，2019年秋季的睿华管理论坛，将专门讨论C理论。

C意味着什么？首先，C代表中国，China，它要叙述的是中国企业崛起之道。

吴晓波认为，一个国家的崛起必有与之匹配的管理理论的产生和推动。当工业革命源起英国之时，亚当·斯密塑造了《国富论》，阐述了国民财富的起源，通过"劳动分工理论"指导了英国的崛起；在法国，工程师出身的亨利·法约尔，通过"十四项管理规则"指引了法国企业的发展；德国的崛起有马克斯·韦伯，他作为官僚组织理论的创始人，提出了官僚组织的六条基本原则；在美国，泰勒、梅奥、马斯洛、西蒙等人的理论，引导美国成为一代霸主；日本崛起，则有Z理论、"全面质量管理""精益生产"丰田生产模式……凡此种种，科学的管理理论和方法从底层影响了国家的工业文明进程，当今中国之崛起，亟须揭示现代企业管理新规律的"之所以然"之著述。

自新中国成立以来，中国企业起步于被国外封锁的环境下，整个过程波澜壮阔，遍布经验教训，但结果令人欣喜。经过70年的奋斗，已有一批中国的头部企业成功崛起为世界一流企业。

"早在2009年，中国已成为世界制造的头号大国，那么中国企业崛起背后的管理理论是什么呢？"大国崛起的过程中，缘起于中国的企业管理理论的缺失让身为中国学者的吴晓波感到汗颜，"怎么会没有缘起于中国的管理理论？中国企业的崛起既非完全依赖西方的理论，也不是仅凭借中国的传统智慧，必然有其背后的中国管理创新！"

吴晓波和他的团队要提炼一套"C理论"出来，试图用现代的科学语言去解释中国的变革及中国企业的成长，这样才能够把中国变革的好东西、好规律总结出来，分享并指引更多的企业。

他介绍说，除了China，C理论中还含有许多C字母打头的关键词。比如，他用Catch up and beyond来描述追赶与超越，用Compromising来描述范式转变期的灰度；又如，他用Complementary来阐述中国企业相互合作互补的特性；而变化Change是管理学的重要内容。中国文化对变化的认知跟西方有很大的不同，中国文化对变化往往持有一种更为辩证的观点，这又是个C；像共创、共建、共享、共赢，是更多的C。

研究常常是孤独的，也永无止境。

30年来，吴晓波沉下心来做研究，不断发现、巩固和提升自己的科学理论。他说，自己有一个坏毛病，做研究或者写文章的时候，要有一点背景音。可以是舒缓的，可以是热闹的，音乐、电影、电视都可以，具体要看心情。

科研工作向吴晓波索取了大量的时间成本，哪怕到今天，他还是得经常熬夜，甚至通宵。有的时候时间流走，但未必转化成科研成果。在这个过程里，他总是不断在模糊清晰—模糊清晰，于此过程里进行螺旋式上升。

"我从没想过不做研究，我感觉到总有一种内心的动力在推动我往前走，因为总能看到社会的发展，看到新的事物、新的形态。新的问题也会被提出来，那我们就不断去做研究。"吴晓波的声音平和，语气平缓。

"如果不做学术，你会做什么？"记者问他。

"哪一天我不做研究了，我就写小说吧。"这个想法由来已久。他说，在中国社会的大变迁、大变革中，这一代人经历了太多的不寻常，个人的命运、家庭的命运，与整个大社会的变迁是一种怎样的关系？变革中，多少人跌宕起伏。个人的命运是如此之渺小，社会的变革又如此之宏大，但是最为珍贵的却是世事流变中的人性光辉。

社会巨变的洪流之中，人生百态的展现、人性的光芒到底会是什么？这些也许会成为未来的"小说家"吴晓波将要探究并示呈于世人的另一类作品。

责任编辑/楼燕红
本文部分图片由被采访者提供

人物 PROFILE

陈越孟：寻找风向的人

□杭商全媒体记者 李洁 王昭奕/文

在创投界，风向随时都在改变。

创投，在经济浪潮中浮浮沉沉、起起落落却一直奋勇向前，助推了一大批优秀企业和企业家的诞生，并不断地改变着人们的生活和生产方式。而在这背后，藏着这样一群人，他们是推手，是投资者，也是追寻风向的人。

陈越孟——浙商创投董事长，投身创投行业十余年，一直致力于引导庞大的浙商资本规范化投资到成长型新兴产业中。眼光素来敏锐的他，在前不久又成功追上了新的风口——科创板。

7月22日，备受瞩目的科创板在历时259天后正式鸣锣开市。首批上市的25家企业中，来自浙江的虹软科技是成功申报科创板的第一家人工智能企业，成绩尤为亮眼。

作为虹软科技投资方之一的浙商创投也见证了这一历史性的时刻。陈越孟感慨，科创板将带给成长型高新技术企业新的生命，浙商创投也要紧紧把握住科创板给创投行业带来的历史性机遇。2019年，浙商创投重点布局科创板，除虹软科技外，浙商创投投资的多家企业正在紧锣密鼓筹备上市中。

创投人，就是要在风吹来之前，感知到风的方向，这既需要拥有敏锐的天赋，也需要不断地学习和积累。

拥有敏锐深刻的市场判断力和洞察力的陈越孟在创投行业打下了一片江山，浙商创投已经成为浙江管理资金规模最大、投资项目最多、投资业绩最佳、实力最强的资产管理平台之一。陈越孟知道，风从哪个方向吹来。

逆风而新生

对于创投界来说，2018年，是挑战与机遇并存的一年。

在挑战上，这一年，中美贸易战持续发酵，民营企业或多或少受到波及；在机遇上，这一年，创投行业税收制度改革，让困扰创投行业多年的税收问题得以解决，增强了业内的投资信心。

然而，冷了近一年的创投界，依旧面临着募资难、投资难、退出难等严峻的问题，又一次走到了行业洗牌周期的门口。陈越孟带领的浙商创投虽然实力雄厚，却也同样遇到了相似的问题。"大环境影响下，创投行业竞争加剧，好的投资项目很难抢到，价格居高不下，投资回报率也在下降。"陈越孟表示，这是目前整个创投行业存在的困境。然而机遇总是伴随着困境而来，政策的扶持、监管力度的加强、新兴事物的出现、民营经济的回暖……都在告诉陈越孟，机会来了。

于是，陈越孟带领着浙商创投逆风而上。在浙江发布"凤凰行动"推动

人物 PROFILE

金融供给侧改革的契机之下，2018年初，浙商创投联合浙商银行与杭州萧山产业基金，共同设立凤凰行动专项基金，一期实到资金255亿元。这是浙江"凤凰行动"率先落地的基金，同时也是2018年国内已完成备案的最大的人民币基金。

"这个基金使得我们2018年实现了8.7亿元的利润，为浙商创投未来的发展奠定了非常好的基础。"数据显示，陈越孟的决策毋庸置疑是正确的。

凤凰行动专项基金成立的初衷，其实并不单纯为了给浙商创投带来收益。陈越孟的格局之大，远非如此。"助推民营企业高质量发展，布局浙江经济转型升级"，说起来太过于宏观，但浙商创投的每一次布局、每一件小事都在努力实现这一初衷。"我们这个基金应该承担这样的使命和责任，"陈越孟说，"在帮助一些企业走出困境的同时，当然自己也是实现了一个比较好的收益。"

成立基金，既是陈越孟对机会的成功把握，更是众多企业重获新生的机遇。"活下去，更要活得精彩。"这是陈越孟给浙商创投定下的目标。在资本的寒冬之下，浙商创投活得更好了，这是为什么？

"浙商创投有经验丰富的团队和机构化流程，能够对重点关注、重点布局的几大产业进行深入研究，减少或者降低投资的不确定性，准确把握行业的发展趋势。"陈越孟介绍，因此，2018年，除了成立凤凰行动专项基金，浙商创投共关注5000个项目，尽调102个项目，投资32个项目，总投资额超过了前十年总和的数倍。

2018年，在并不乐观的大环境下，浙商创投实现了新一轮质的飞跃。2019年，科创板作为新兴事物受到了创投界的广泛关注，陈越孟与浙商创投再次站到了行业的前沿，抓住了风向。

"除了投资渠道得到拓宽外，科创板为创投机构指明了重点投资方向，接下来，浙商创投将继续积极对接科创板，抓住2019年这个资本市场最大的红利。"陈越孟对科创板的前景十分看好，"杭州是全国创业创新重要的高地，浙江的创业创新氛围也非常好。我们所投资的企业中，绝大部分都有强大的自主研发能力，他们关注研发投入、团队的配置，比较符合科创板的预期"。

在投资企业的选择上，陈越孟和浙商创投体现了其专业性。据资料显示，在申报科创板的企业中，浙商创投投资的企业就占了杭州第一批项目的3/7，其中，虹软科技成为科创板首批上市企业。"虹软是我们长期看好的企业。"陈越孟介绍道，浙商创投是虹软的投资机构之一，2018年初，浙商创投就完成了对虹软科技的投资。可以说，陈越孟对虹软科技的投资是一次成功的预判和选择。

陈越孟和浙商创投一直坚持着自己的投资理念，"广积粮、强内功，精项目、敢出手、增收益"，在行业高峰的时候，保持着自己冷静的思考；在行业低谷的时候，也不会不敢出手投资项目。2018年，是浙商创投逆风成长的一年，也是浙商创投更上新台阶的一年。

理性与感性

杭州西溪谷，杭州创新版图的新高地，占地面积8万平方米的浙商创投中心正坐落于此。从百度地图上俯瞰，与浙商创投中心为邻的是阿里巴巴支付宝总部、蚂蚁金服、浙大科技园……2017年大楼落成，让浙商创投成为全国首家拥有创投中心的创投机构。

2007年成立浙商创投，12年间，浙商创投创造了许多个第一：全国首家实现反向混改的创投机构，浙江首家登陆新三板的创投机构……在公司投资的160多个项目中，成功上市及并购退出项目50余个，管理基金近40只。陈越孟走过了不平凡的十多年创投时光。这段浙商创投从无到有、从有到大、从大到优的奋斗

■浙商创投外景

史，印记着陈越孟的点点滴滴。

"世界第一CEO杰克·韦尔奇曾说过，我坚信自己的工作是一手拿着水罐，一手拿着化肥，让所有的地方都枝繁叶茂。"这是早年陈越孟发过的一条微博，也是作为创投人的初心。而如何成为一名成功的创投人，陈越孟有着自己的一套逻辑体系。

理性和感性在同一个人身上和谐共存，这并不矛盾。在创投领域，陈越孟身处一半理性和一半感性的天平，推动他完成了一项又一项的投资项目。

在前几年共享经济和太阳能投资火热时，陈越孟和团队坚持自己的判断，避免了激进跟风带来的风险。这就是陈越孟的理性体现，时刻保持清醒的大脑是创投人必须拥有的能力。

然而，如果说长期的经商以及投资经历培养了陈越孟各项专业技能和理性的思维逻辑，那么浙江大学中文系的教育背景，赋予陈越孟的感性思维或许带给他更多的投资智慧和运气。

"创投行业是一个理性的行业，包括财务、法律方面都要理性考虑，但是在投资项目时，总会有某种感觉，感觉对了就可以试试。"陈越孟所说的"感觉"，可能是长时间积累下来的经验判断。在接触安恒信息等高新技术企业时，企业负责人身上所具备的领袖气质是最吸引陈越孟的，企业能不能成，关键看领军之人。

在投资项目之前，陈越孟和团队总要和创业者聊上一聊。既聊理性层面的公司业务等基本情况，也聊感性地带的家庭、朋友、兴趣爱好。"创业者有没有胸怀、气度和能力，我会通过这些形成自己的判断。"陈越孟说。

最近在布局科创板上市的太美医疗是2018年浙商创投投资的主要项目之一。浙商创投主要涉及大健康、大消费、新经济、新智造四大板块，太美医疗作为大健康领域成长飞速的新兴

人物 PROFILE

企业，陈越孟看到了医药研发领域未来广阔的市场，而真正让陈越孟和团队下定决心投资的原因则是太美医疗创始人赵璐身上那一股子热情和领袖气质，"我们相信赵璐能成为这一行业的佼佼者。"经过一个多月的访谈、尽调，陈越孟就拍板做了投资的决定。

投与不投，到底是理性占主导，还是感性做主导？这可能是一个没有答案的问题，但每一个成功项目的背后，都是陈越孟和团队一次又一次的专业评估、讨论、尽调、考察……资本市场在不断发生变化，陈越孟必须要在理性与感性之间做好关键的平衡。

八小时之外

陈越孟始终很忙。

忙着开投资项目会议，忙着筹备双湖论坛，忙着谈合作，忙着钱塘江金融港湾智库的研讨会，忙着凤凰基金下一步的计划，忙着成立科创板基金的前期规划……他的时间精确到了每一个小时，工作上有着极强的计划性。

陈越孟享受忙碌的工作状态，创投人的身份带给他工作上的成就感。让那些需要融资的成长型企业在浙商创投的帮助下发展壮大并走向成功，改变他们的生活和生产方式是陈越孟一直以来坚持的理想。然而，管理着500多亿元资金的他也承担着不小的压力。

工作之外，快走成了陈越孟舒缓压力的主要方式。他每天快走五六公里，通常就在小区、对面的体育场，或者公司附近的游步道。在陈越孟看来，走路是一个非常好的解压方式，"因为在走路的时候可能脑子会放空，不由自主地会产生一些新的念头、新的想法，带给我很多灵感，所以走路是我长期坚持的运动方式"。

久而久之，在陈越孟的影响下，快走也成了浙商创投的企业文化之一。

中文系出身的他，也爱写作。虽说已在多年前弃文从商，但是阅读和写作一直是陈越孟心里最纯净的寄托。7月11日凌晨，陈越孟发了一条朋友圈，"深夜，从十点到三点半，完成下周延安会议28页的发言提纲……"配图是一本翻开的笔记本，上面写满了密密麻麻的文字。

"常理上有些内容可以让我的助理去写，但是要想真正体现一点自己的思想和意识，必须要我自己动笔写，旁人是写不出的。"说到写作，陈越孟有着与工作上一样的坚持和执着。2019年3月，陈越孟还被浙江大学聘请为中国语言文学系客座教授。

最让陈越孟欣慰的是，自己的女儿也有着相同的兴趣爱好，2019年刚刚高中毕业的女儿利用暑期的时间在耶鲁大学学哲学、艺术史、莎士比亚、康德……早在2019年初，陈越孟在朋友圈发了一条喜讯——女儿提前被中国最高学府之一北京大学录取。字里行间，透露出对女儿的骄傲与欣赏。

无论是在工作上，还是在对孩子的教育上，陈越孟都在努力营造一种民主的氛围。最近，浙商创投看中了杭州城市大脑的项目，但由于投资金额大、估值高，陈越孟和团队进行了激烈的讨论和严谨的调查，"团队每个人都会提出自己的意见，但大家沟通还是比较畅通的"。陈越孟总是能够听取团队的意见，在全票通过的前提下做出投资的决定。

也正是因为这份格局，让陈越孟和浙商创投在创投界占据了一席之地。他说，投资是要做到80岁的事情。陈越孟对创投的热爱，从他的这句话可见一斑。我们期待着，陈越孟和他的浙商创投在未来能够取得更好的业绩。

责任编辑/楼燕红　供图/浙商创投

□杭商全媒体记者 李 洁/文

舒中胜：步履不停

人物 PROFILE

人物名片

高级记者；新闻评论员；浙江电视台经济生活频道副总监；杭州大学历史系81级。当过老师、兼职律师，做过记者、编辑、制片人。2009年起创办电视新闻评论节目《新闻深呼吸》，每天以机关枪速度"自说自话"30分钟。言辞中肯、风格独特。字不正腔不圆的"时间不早了，洗洗睡吧"深入人心。

2011年，舒中胜获得第四批全省宣传文化系统"五个一批"人才称号；2012年，舒中胜获得浙江新闻工作者最高荣誉"第九届浙江飘萍奖"。

2015年，舒中胜兼任浙江卫视新闻评论节目《今日评说》评论员。评论风格稳重、智慧、包容。舒中胜同时还在FM104.5女主播电台开设"舒中胜有话说"直播节目。

两个月前，舒中胜收到了海外名校的录取通知书。他的访问学者申请成功了。

兴奋感延续至今。他将两页纸的英文offer打印出来。在时常翻阅的那堆文件中，舒中胜总能第一时间找到它。

他向《杭商》记者流利地翻译其中细节，"研究方向是媒体融合，媒体融合是大势所趋"。

2018年，《新闻深呼吸》迎来外傅之年。欢腾的庆典后，舒中胜保持着清醒，他实实在在地感受到，十年节点更像是一场考验的开端，媒体时局正悄然改变。"固定时间的电视观众越来越少。即便你在网络上已经有了流量，但流量怎么变现？"

处在"接下来往哪里突破"的压力中，惯性奔跑是他抵御困局的策略。

他早早谋篇布局，去清华参加自媒体研修班，耕耘已久的新浪微博粉丝数达到173万，在秒拍、一直播、抖音、今日头条上，数百万的点击量是常态。

困境中的舒中胜依然自洽。为新闻理想狂奔，他始终敏感、热情，步履不停。

十年

2018年12月28日，室外气温低至2℃，奔走在迎新路上的人们脚步匆匆，回忆起当晚，舒中胜用了"很燃"这个具有激情的词。冬日的清冷、岁末的焦灼，都成为他炙热内心的烘托。

《新闻深呼吸十年"胜"典》是这个"很燃"夜晚的主题。

剧院过道上都站满了人。不少观众从绍兴、龙泉、遂昌、温岭等地赶来，庆典前在网络上发布信息，短短两天，300张入场券就被预订一空。现场，大屏幕闪过这些年的珍贵画面，接连的高潮引来观众欢呼。倒计时定格在0秒，大家在短暂黑暗中屏息，白色聚光灯忽然打亮，身穿深红色睡袍的舒中胜出现在舞台中央。

"时间不早了，洗洗睡吧。"十年来，这是《新闻深呼吸》的结束语，也是十年庆典的开场白。在一段持续的掌声后，舒中胜脱下睡袍，切入主题，"不对，时间还早呢，新闻深呼吸十年庆分享会现在开始"。

他接着抛出一组漂亮的数字——十年，520个星期，3650天。每天说上半小时，说上1万字，总共3650万字。《红楼梦》61万字，十年相当于是读完了60部《红楼梦》。

数字背后，他从不惑走到知天命，那些无法言明的感触，成为思想的一部分，让他心怀善意，温柔且理性。

庆典现场来了许多朋友，有朝夕相处的同事，有素未谋面的观众，舒中胜亲切地称呼他们"深呼吸的家人"。

周功斌是庆典上第一位上场的家人。去年，周功斌辞了公务员，去遂昌老家创业。面对质疑和非议，周功斌坚持做有利于乡村振兴的事。舒中胜在节目中为他点赞，周功斌说，是《新闻深呼吸》鼓励了他。反过来，舒中胜也因此感到温暖。到现在，周功斌打造的浙西川藏线已经在全国有了知名度，带动沿线多个偏远乡村的经济发展。庆典那天，周功斌特意买了一身新衣服，花了2000元，这是他最贵的行头。

在过去，舒中胜刻意与新闻当事人保持距离，以此确保评论的客观。如今经过岁月的拆解，他变得越来越柔软。交流的时光，在彼此的生命里留下印记，是私密不设防的高光时刻。湖州企业家潘阿祥是另一个例证。

那天，潘阿祥用并不流利的普通话讲述自己的故事。潘阿祥不识字，记人记事就用简单的符号画下来。他画一把枪代表公安，画一支笔代表记者，画一只话筒代表舒中胜。因为看不懂报纸，《新闻深呼吸》成了潘阿祥资讯的主要来源。潘阿祥的经历被舒中胜视为传奇。生意做得很大，本想着65岁退休，却在前夕陷入了拉郎配式的担保债，6亿多元。突如其来的变故让潘阿祥更加坚强，他调整了退休计划：先还清债务，再轻装上阵。可贵的品格感染了舒中胜，两人成了精神上的挚友，正能量在彼此间传递。舒中胜时常主动问候，给潘阿祥打气。潘阿祥近况让人欣慰，企业2018年取得非常好的效益，2019年全部债务都将还清。

故事还有很多。过去10年里，从周一到周日，《新闻深呼吸》每周7期，忙到周六，舒中胜会请同事在周日代班。代班并不轻松，压力在于舒中胜的深刻烙印。

年轻的主持人贺传加入不久，他将这项工作形容为"生命不可承受之重"。前辈告诫他，最好不要看网上的留言，但是他却按捺不住，悄悄看了舒中胜的微博，"一开始风平浪静，过了几天之后波澜云起，都在呼唤舒老师回归"。

浙江大学传媒与国际文化学院教授赵瑜也有过类似感受。作为节目之初的参与者，她在十年庆典上分享道，"《新闻深呼吸》就是这样一个有魔力的节目。只有舒老师能站在台上，其他任何人代班，哪怕普通话再标准，颜值再高，都没有用，因为观众不认"。舒中胜将这种"魔力"解释为视觉习惯。"节目能离开我，但我却离不开节目。"

十年，高情厚谊。宗庆后、孙杨、张泉灵、敬一丹等各界大咖纷纷发来视频寄语。多

人物 PROFILE

■《新闻深呼吸十年"胜"典》分享会

位媒体工作者、律师作为亲友团来现场为他鼓掌。比如原浙江法制报总监董晓敏、著名评论员俞柏鸿、律师程学林。

舒中胜与董晓敏都曾是兼职律师,结识于1997年前后执照年检培训,从此成为好友,亲如家人。那天晚上,董晓敏在朋友圈发文,恰似舒中胜的人生侧写。他写道:每天,在暮色四合时,一个大叔款款走进你客厅,和你聊聊油价米价股市房市,然后说:时间不早了,洗洗睡吧。俗得掉渣,但又直达庙堂。义正词严,但又亲切暖心。

还有一位妈妈带来明信片。笔者是在北京疯狂熬夜复习的95后。她说,说起来也是您7年的听众了,从初中时懵懂地了解时事,到后来渐渐地把节目当作呼吸一样习以为常,又是不可或缺的晚间环节。

当晚,原定90分钟的分享会,延长到两个半小时才画上句点。《新闻深呼吸》的家人们讲述了各自与舒中胜、与节目的联结,情绪始终在高点,10年悲喜在眼前闪过。

舒中胜感慨，"之前因为普通话不标准，和中国新闻奖失之交臂，这是我心中永远的痛。不过，谢谢你们，你们给我口碑大奖"。他提到有一次，一位80多岁的离休老干部，不愿去医院治疗，老人的外孙辗转找到舒中胜，他为老人录了视频，最终把老人说通了。安慰是双向的。如今舒中胜能看淡很多事情，是观众的信任让他得到疗愈。

10年之于舒中胜收获何在？或许正如白岩松在当晚送来的祝福。"10年仅仅是一个新的开始，呼吸是这个时代非常重要的东西。现在很多新闻不太透气，呼吸感急促。只有从容地呼吸，新闻的很多纹理才会出来。"

善意暖人心

时光倒转回2009年。

46岁的舒中胜走进演播室，最后校对了一次文稿，扶正了眼镜，用一个ok的手势示意编导开机。没有开场寒暄，1分钟尽400字，机关枪似的语速，20条新闻评论一气呵成，他甚至没有准备结束语，屏幕上打出的字幕提醒观众，节目到此结束。

"是不是太突然？好像始终在高潮，应该给观众一个停下来的信号。"《新闻深呼吸》开播第三天，舒中胜正为栏目结语发愁，他低头看表，嘴里念叨着，"结束都11点钟了，时间也不早了。"身边的导播顺口接了一句，"那就洗洗睡吧。"

"这个好！"舒中胜把两句话凑到一起，一直说到现在。

接地气的语言奠定了节目温暖的基调。善意、理性、建设性，是《新闻深呼吸》的初心，也是舒中胜的评论原则。

他将善意放在最前面。所谓善意，在于理解、宽容、换位思考，同时具有反躬自问的能力。他提到不久前发生在杭州的一则新闻：单亲妈妈独自抚养6岁的自闭症孩子，四处求医，身心疲惫，花完了所有积蓄。那一天，母亲打车将孩子送到火车站，默默转身走了，希望孩子被好心人收留。

新闻一出，一边倒的谴责涌向新闻当事人。舒中胜坐不住了。"家家有本难念的经，我们能不能站在母亲的角度去考虑这件事？"

■舒中胜专访娃哈哈集团董事长宗庆后

■舒中胜专访宗庆后女儿、娃哈哈集团品牌公关部部长宗馥莉

人物 PROFILE

当晚，舒中胜在《新闻深呼吸》评论道：希望孩子能够治好，母亲能够更加坚强，社会能够给予她们帮助。父母具有法律的监护责任，而社会需要人与人之间的相互支撑。

人文色彩是他的基本出发点。他常将自己摆到事件中，反问自身，"如果是我，会怎么选，怎么做？"代入感使他退去义正词严的硬壳，露出柔软的本质。"多说些走心的话，老百姓的心里话。"

然后是理性。学会质疑是第一步。在诸多新闻报道中，新闻事实失实或者关键细节失实时有所闻。对时评者来说，引用新闻事实的时候一定要慎重，要学会甄别真伪。《杭商》记者采访他那天，他凭着这份严谨，对一则医患纠纷做出了正确判断。"新闻说救护车把病人丢在马路边，我凭经验判断不太可能，最后的确查实患者也有问题，过度使用医疗资源，医生才有了怨气。"

过去律师的工作经验让他在理性中加入了"形而上"的思考。他说，理性的声音应该是：法律不能穷尽生活的方方面面，从我国现有的法律环境来看，我们缺少的不是法律，不是有法可依，而是有法必依、违法必究、执法必严，缺少的是对法律的敬畏之心。他举例，当刘翔等一众明星委员不能参加"两会"时，评论人士应该更多地去寻找代表、委员产生机制上的问题。

理性的深意还在于表达方式的平和。尽管播报时用着机关枪式的语速，但他并不是言辞犀利的人，刺耳的评论、极端的观点不是他的主持风格。舒中胜始终觉得，热事件中的冷思考，理性之下的隐忍更能影响精英人群，更具有张力。"绵里藏针，点到为止，这或许是新闻评论更好的方式。"

最后也是最难的部分，是建设性。这意味着，不仅要摒弃漫骂式的批评，更需努力提出合适的意见建议，给人以思考、启发。

他谈到了城市建设。主张城市建设应该往地下发展的观点，舒中胜碎碎念了好多年。此前，浙江有个城市准备开建高架路，结果遭到了沿线居民的强烈反对。他便在评论中举各国例子劝诫城市决策者：高架不应该是城市交通建设的首选项；经济越发达，城市越应该向地下寻求发展空间。评论的结果是，当地人大代表反响强烈，政府最终放弃了城市里建高架的规划。

最近几年，杭州的地下城市建设如火如荼，他笑称，"我不敢说这跟我的节目有关系，但有的时候我宁愿把两者联系起来，很多政府官员也看我的节目"。

建设性有时也表现为启发思考，改变观念。比如，他一直在唠叨，企业未必要做大，企业一定要做强；不是所有的企业都要转型，但所有的企业都要升级，否则就注定被淘汰。对于这些观点，很多浙商都有共鸣。又如，对于乡村振兴，舒中胜在探访了一些农村后提出，人口集聚是个大趋势，有些人口凋敝的乡村或不必花钱去振兴。人口往哪里去，哪里的经济就有生机；年轻人往哪里去，哪里的经济就有活力。"现实很残酷，现实也不尽合理，但理想的评论节目可以让人在残酷中看到希望，用建设性的思想和行动去改变不合理的现实。"

因为善意，所以温暖；因为理性，所以共鸣；因为建设性，所以被认同。10年时间，舒中胜将非黄金时段的新闻评论节目做成王牌。2010年，《新闻深呼吸》荣获浙江省广播电视新闻奖一等奖。在新锐杂志《新周刊》的"2010年中国电视榜"和"2012年中国电视榜"榜单中，《新闻深呼吸》两次获"年度最佳时评节目"提名；字不正腔不圆的舒中胜获"最佳时评节目主持人"提名。

2019年，舒中胜计划出自己的第4本评论作品集，名字都想好了，就叫《善意暖人心》。他常常想，这究竟是一个怎样的时代？或许，这是个经常让人失望的年代，这又是个充满希望的年代。我们有困惑，但我们要相信自己有化解的能力；我们还会经常沮丧，但我们要相信我们经常会有小确幸。

于他而言，站在镜头前，便是幸福的。他希望，每一次评论都会有让人凝神的时刻，让人们看到语言的精准锋利，人间的真实、复杂和无奈。

他是一个传导器，人间的善意经过他流向你。

少年shu

在朋友圈里，舒中胜时常称呼自己"少年shu"。"那是因为减肥成功啦！"他回应《杭商》记者。

知天命的年纪，身体向他敲响警钟。体检指标不行，录节目也不那么上镜了。决心减肥，是他与岁月的抗争。

一年时间，在这场并不占上风的对抗中，他获胜了。靠饮食控制，舒中胜减掉了9.3公斤。"感觉自己瘦成了一道闪电，就像个少年。"

自律、克己，坚定的意志，是他重返少年的秘籍。减肥如此，工作中亦然，品格的养成，在细读舒中胜的成长之路后渐渐明晰。

少年时，他生活的小山村有个美丽的名字，莲花，是当地的农业要地。10岁那年，作为新移民，他和家人从故乡衢县双桥搬到这里。面对漂泊的无奈，舒中胜安慰自己，"双桥是山村，经常吃不到米饭；莲花是平原，饭可以吃饱"。

帮着父母下地干农活是分内事。遇到双抢的月份，一家六口人都要下地。正值大暑天，从清晨天明到夜幕时分，一直奔在田间。双脚浸泡在滚烫的地里，他习惯了蚂蟥顺着大腿一直往上爬，然后抖抖裤腿又继续干活。如今皮肤黝黑，他思考着，恐怕是在那时中了太阳的毒。

少年时也有纯粹的美好。13岁那年，在莲花中学读初一，舒中胜被指定为班长。除了上课喊"立正"，班长要做两件事：一件是中午给全班读报，一件是下午放学排队唱歌。班主任是年轻的李逸芬老师。她非常放手，每天读什么，由舒中胜自己决定。当时，他读得最多的报纸是《人民日报》，内容多是评论文章。回忆起来，新闻评论员的种子，或在那时种下。

再之后，他考上了衢州二中，全校三个初中毕业班，只有7人录取。但在县城里，以往的优越感却荡然无存，"感觉自己是井底之蛙。"大多数同学在当地长大，他像是懵懂的闯入者。全年级8个班，他排在最后一个，自认为那是对成绩的一种评判。

这种自我认定或多或少影响着之后的选择。他成了年级里少数的文科生，但成绩依然拔尖。高考发挥失常，去了杭大历史系。另一位平时与他不相上下的同学考取了北大。

今天的舒中胜说起家乡，语气里尽是温柔。他柔软平和的个性里，也皆是那座江南小城的影子。但少年时代，那里夹杂着他急急想要甩在身后的命运。

高考之后，他一直与这个不太满意的成绩抗衡，将人生的轨道一步步移至理想状态。没能学法律专业，没有学好英文，是他念念不忘的两个遗憾。

结局是圆满的。杭州大学历史系毕业后，舒中胜在成人院校当老师，教国际贸易和劳动法。因教学中牵涉法律，1994年考取了律师资格证，做了十余年兼职律师。

英文学习的缺失也补上了。大学毕业那年，舒中胜报考了国际关系专业的研究生并去北京参加了复试，因为英语没有过关，面试中被淘汰。"这给了我很大刺激，所以我工作后拼命地自学英语。"20世纪90年代，舒中胜开始大量编译美国《时代周刊》《新闻周刊》上的国际新闻，并成为《南方周末》《工人日报》《羊城晚报》《上海译报》等的固定翻

人物 PROFILE

译者。

他常常窝在图书馆里看报纸,逐个单词地抠文法,最终能够自如地翻译英文报刊。不过,他再三叮嘱《杭商》记者,"不要把我的英语水平写得太好,免得哪一天被人识破真相,因为自己知道,是哑巴英语、聋子英语、衢州口音英语"。

成长的命题从未真正结束。1996年开启一条崭新的故事线。那一年,浙江有线电视台对外招考,舒中胜抱着试一试的心态拿了第一。此后,从新闻到专题、从记者到栏目制片人,再到新闻部主任,舒中胜一步一个脚印,声名渐隆。

压力随之而来。2005年前后,作为《经视新闻》的主编,忙碌的状态让他几近崩溃。他习惯亲力亲为,每天,截稿后的6点半到直播前的8点半,他永远神经紧绷。审稿、写串词、写评论都要在此期间完成。烦恼并未因他的崩溃而消失,这段难熬的经历成为伏笔,之后的故事由此铺陈。

2009年,舒中胜转战到新的岗位。彼时,评论类节目风头正劲,浙江经视开始酝酿自己的时评节目《新闻深呼吸》。最初考虑的是,选择专业主持人或高校里的教授做评论员。两方优势兼具让舒中胜成为频道领导眼中最合适的人选。

成功没有偶然。一路走来,勤奋已成为惯

性。一年52个星期，舒中胜几乎没有完整的双休日，最长的一次连续上班33天。在同事们的印象中，他是频道里吃食堂盒饭最多的人。知识面宽，思维缜密，英语也不错，拥有多年新闻实践的经验……舒中胜最终从幕后走到了台前。

他的人生轨迹展示了一个人如何终其一生奋勇向前，他所有的强大与乐观都能在这场旷日持久的长跑中找到根由。

老友俞柏鸿用两个词形容舒中胜：一个是勤奋，另一个是幽默。"阿舒做过这么多工作，每件都做得很好。花在其中的心力是旁人不得而知的。还有就是幽默感，他会在朋友圈拿自己开玩笑，这其实是一种豁达。"俞柏鸿与舒中胜相识已久，彼时，俞柏鸿在浙江工人日报社工作，舒中胜是报社的法律顾问，两人因此相交，之后成了同行，情谊绵延至今。

普利策曾这样形容新闻记者：倘若一个国家是一条航行在大海上的船，新闻记者就是船头的瞭望者，他要在一望无际的海面上观察一切，审视海上的不测风云和浅滩暗礁，及时发出警报。

是的，新闻评论是对大时代的守望，携带着人性和时代的气息。如何把评论讲好，如何把这种气息精确表达出来，又呈现人性的曲折幽深，这是永远没有尽头的工作。

如今，在瞭望的船头，那个敏感的、努力的、少年心性的舒中胜一直都在。

惯性奔跑

作为著名电视新闻评论员，舒中胜拥有独特的才华和强势的个人魅力。他赶上了电视评论最繁荣的发展阶段，赢得了观众和市场的喜爱。但时局瞬息万变，观众的诉求、市场的环境和舒中胜的自我追求之间，出现了时代的细缝。

"固定时间的电视观众越来越少。即便你在网络上已经有了流量，但流量怎么变现？"生活丰沛满足，但人到中年，不易之事无可避免，扑面而来。

这，才有了之后做访问学者的决定。"国外不一定比中国做得好，但在不同的语境下，

■工作中的舒中胜

人物 PROFILE

可以多些交流。"又或者说，他需要一个空窗期，逃离困境，寻找顿悟时刻。

按照计划，他会在8月出国，完成一年的访问学者交流。但与《新闻深呼吸》的紧密联结，让他暂时无法离开，学习的计划被搁浅了。就像观众评论的那样，"节目少了舒中胜，就像重庆火锅没有了老油"。遗憾是有的，他拿起案头的通知书看了又看，"以后有机会还是要去"。

说到不如意的地方，他也始终语调很高，语速很快，激扬的情绪构成谈话的基调。他总是猝不及防地冒出新鲜的念头，仿佛逆境中的良药，使他呈现出快乐的姿态，他清楚地知道，那是人归根结底应该追求的东西。

很快翻篇儿，他转身投入到驳杂浩瀚的工作中。

早上8点，舒中胜准时走进办公室，打开电视，频道固定在凤凰资讯台。沙发上的新闻杂志堆了厚厚一摞，他还没来得及看。打印出8点半电台节目的直播稿，他在网络上搜索资讯，以备在节目中及时更新。采访那天，正好赶上中美女主播辩论，"这个点等等肯定要提下"。他对《杭商》记者说。

在通常情况下，9点完成直播后，他会利用上午处理作为频道副总监的行政事务，同事们习惯了他的作息，都在这段时间找他。时间允许，他还要上网查阅前一天的观众反馈，他把这个过程称为泛读。

与之相对应的，下午是舒中胜的精读时间。他必须足够专注，准备当天晚上《新闻深呼吸》近万字的稿件。在信息大爆炸的当下，挑选20条新闻并不简单。"信息真的是海量。首先要思考哪些是新鲜的，第二要考虑从什么角度去评论？"在最近的二三年里，这份困扰对舒中胜而言越来越沉。

他把自己浸泡在新闻里，以灭绝式的方式占有资讯。电视新闻是背景音，手机里下载了各类平台软件，CNN、FOX NEWS、CNBC等外文APP也不在少数。门户网站、微信公众号、微博话题、头条话题都在他每天的阅读清单中。

"我的新闻生产方式太传统，有点像手工作坊。"单纯依靠经验和直觉的写稿方式让舒中胜感到疲乏，"希望通过人工算法，把top20的信息精准推送给我，然后我再进行评论"。与此同时，他又对人工智能有所保留——害怕困到信息茧房中，只看到算法默认感兴趣的消息。

事实上，早在2013年，他就意识到数字时代中媒体的动荡。他在题为《融合时代电视新闻评论的变与不变》的论文中写道：媒介融合大行其道，媒体融合势不可当。可以预见的是，在融合时代，传统媒介的内部边界终将消失。电视台是电视台、广播是广播、手机是手机、网站是网站的相互割裂注定要"死亡"，资源、信息、人员的共享与融合终将实现。作为媒体从业人员，我们必须有所改变。以不变应万变，那是道；以变化应变化，那是术。道存，是坚守；术变，是创新。既有坚守，又有创新，节目才可能走得更远。

如他所言，舒中胜一直与时间赛跑。他早早谋篇布局，去清华参加自媒体研修班，耕耘已久的新浪微博粉丝数达到173万，在秒拍、一直播、抖音、今日头条上，数百万的点击量是常态。

对新事物保持敏感和包容。他很早就关注到李佳琦、张大奕这类网红现象，将其作为新闻样本，也是媒体融合的一个思路。他乐于向晚辈讨教新媒体的玩法。去采访的路上，看着90后同事捣鼓手机软件，到了目的地一条视频剪辑完成，他觉得高效，便也试着学起来。

在更高的维度上，他思考数字经济场景下的媒体入口。"无人驾驶风头正劲，媒体人有没有介入其中？比如长途几个小时，如何通过舒适的方式把资讯传递给司机？"这是2018年他

■困境中的舒中胜依然自洽。为新闻理想狂奔，舒中胜始终敏感、热情，步履不停

出国交流后的一点反思。当媒体新浪潮一波波涌来，他选择拥抱它，直面它。

沉浸在工作中忘我的投入是种能力，抽离出来重新审视自己也是种能力。他也不总是紧绷，在舒中胜的时间表里，夜晚格外温柔。

晚上8点多录完《新闻深呼吸》，他通常会赶在节目播出前到家。此时，陪伴他14年的爱犬Sunny已经在家门口守候。听到电梯声，便迈着晃晃悠悠的步子拥上来，亲昵地讨好他。

"Sunny年轻的时候会冲过来，现在它年纪大了，不太利索了。"说到这段，舒中胜整个人松弛下来，嘴角上扬，他甚至笑出了声。他称之为原始的幸福，在匆匆的日子中伴生出喜悦。这是他惯性奔跑的缓冲带。

责任编辑/楼燕红

人物 PROFILE

尚可：
最浪漫的事

□杭商全媒体记者 李 洁/文 徐青青/摄

校长名片

尚可，杭州二中校长，数学特级教师，正高级教师。第十届国家督学，省十四届党代会代表，省十二届人大代表。省特级教师协会会长，省教育学会教育管理分会和中小学数学教育分会及德育分会副会长，省普高课改专业指导委员会委员，省中学数学教材审定委员，钱江晚报智库专家，浙师大兼职教授。中国教育发展战略学会高中教育专委会副理事长，中国教育学会高中专委会常务理事、中学数学专委会理事。全国教育系统先进工作者，省功勋教师，享受国务院特殊津贴专家。

立秋过后，余暑未消。假期里的杭州二中校园依然"热闹"着。绿树掩映，闭上眼睛能听到鸟叫和蝉鸣。

8月中旬这一天，"赤子之钟"广场聚集了众多学生志愿者，其中有高一年级新生，有高三应届生，还有毕业多年的校友。校长尚可站在人群中，他按要求穿着一身挺括的西服，毫不理会室外35℃的高温。

这种仪式感像极了开学典礼时尚可带领同学们诵读"赤子之钟"基座碑文的情景。"我们在此铭心相约：一切皆不能将我和祖国的命运分开……"不同的是，从学生入场到集体诵读，这场仪式在2小时内重复了6次。

每个人都处在兴奋之中，声音一浪高过一浪。这一天，120周年校庆宣传片的拍摄接近尾声，尚可和同学们共同演绎了庄重而浪漫的片段。

人物 PROFILE

拍摄间隙，尚可和《杭商》记者聊到了诵读的校训——"立志、努力、为公"。"大爱无疆、坚韧不拔、情系家国、追求卓越，这是二中追求的精神。"

从事教育事业30余年，为学生的卓越发展而奠基是尚可始终不变的追求，也是在他看来最浪漫的事。

何谓"卓越"？或许正如他在高三毕业典礼上所言："以大胸怀、大作为、大格局，以点点星光去点亮一个人、一群人，去点亮这个世界、这个时代。"

二中的情结

两年前的盛夏，尚可重返二中。他有了新的身份——杭州第二中学校长。

钱江南岸的二中滨江校区，建筑错落，各抱地势，红墙黛瓦，绿树参差。对此，尚可并不陌生。2001年，在二中新校舍搬迁后不久，一纸调令，结束了尚可第一段在二中的生涯。从数学教师、科研室主任到副校长，他在二中度过了6年时光，是当时二中最早的一位具有研究生学历的老师。

望着万物生长、绿意蓬勃的校园，尚可不无深情地说："校园里的树木都长高了，当年离开的时候还是刚种下的小苗呢。"

重返二中两年，尚可都在忙些什么？

作为二中校长，他每天沉浸在浩瀚驳杂的工作中。三个校区的建设，百廿校庆的筹备，应届招生的宣传，高考冲刺的筹划，管理强化内涵的提升……林林总总，最终都会聚到他的案头。下班后最晚离开的几乎都是他。两年来，他认真研究二中的办学传统，梳理二中的文化精神和办学追求，把为学生的卓越发展而奠基作为历史使命，把学生卓越素养和精英气质的培育作为崇高责任，以知识学习、能力培养和价值塑造为核心任务，以高境界、高水平、高品质的二中高标准来引领学生的成长。

在他看来，这是一种坚守，更是一种超越；是一种传承，更是一种创新。

2017年9月开学典礼，尚可第一次以校长身份出现在二中师生面前。过去担任浙大附中和杭高校长时，他每次的开学第一讲都文思隽永，让人期待。即便如此，为了这一次亮相，他依然准备至前一天深夜。

"我们要致力于建设一所研究型高中。"开学典礼上，尚可提出了杭州二中发展的新愿景。在他看来，二中不仅要把学生送进大学，而且要把大多数学生送进高水平的研究型大学；二中不仅要把学生送到大学门口，而且要努力为其点燃心中的火炬，照亮其一生的行程。二中不仅要成为各类学生多样化发展的沃土，而且要成为众多理科优异学生和拔尖创新人才脱颖而出的摇篮。

首先是高境界做人。提升学生的精神高度是尚可最看重的东西。从蕙兰学堂的大爱无疆，到国立浙大附中的坚韧不拔，从竺可桢的家国情怀，到二中人的追求卓越，这种精神之脉一直薪火传承、一脉相传。对此，尚可曾如此诗意地表达：要趁学生心底还柔软，为他种下一颗精神的种子，使其得以征服星辰和大海，得以抵达心中的诗和远方，得以在追赶时代之时引领时代，在适应世界之时改变世界。

其次是高水平学习。也是在2017年9月的开学典礼上，杭州二中奥林匹克学院和杭州二中求是创新学院正式挂牌成立。一直以来，二中培养了一大批拥有创新潜质的优秀学生，学院因此应运而生。奥林匹克学院打造了包括十几位国际金牌教练在内的强大阵容，学院以特别的课程、师资、管理、评价促进学生学科竞赛的学习，二中已斩获国际金牌十余枚；未来科创学院则借助众多包括社会师资在内的教练团队，组织学生开展科技创新、机器人、人工智能等科技活动，比如国内的小小科学家、科技创新大赛，以及英特尔国际科学与工程大赛等八大国际科技赛事，均成绩斐然。

"两个学院的学习活动，正是二中学生高水平学习的生动诠释，由此形成深厚的学科基础、卓越的核心素养、劲强的创新意识和能力，为资优学生卓越发展打下坚实的基础。"在2019年4月的全市教育大会上，尚可如是分享道。

最后是高品质生活。日本作家大江健三郎在《在自己的树下》一书中，结合亲身经历，深入探讨了"孩子为什么要上学"的问题。大江健三郎的结论是：为了与过去的人们相联结，为了与同时代的人互动。简而言之，是为了与世界相联结。

这与尚可的想法不谋而合。他眼中的二中，不仅是读书的地方，也是学生寻找志同道合的伙伴共同成长的地方，更是学生享受高品质校园生活的地方。

在二中，高品质的校园生活是这样的：在多元课程中，率先开设大学选修课程，一学期就邀请了近20位科大、浙大教授来校园开设前沿科学讲座，形成了浓郁而独特的二中"学术"氛围；校园文化活动和60余个学生社团及体育俱乐部活动缤纷多彩，读书节、文化节、艺术节、体育节等社团活动以学生为主体展开，在器乐、体操、辩论、陶艺、击剑等方面涌现了大批出类拔萃的学生；学校还以"哈佛学生领袖峰会"为平台，开展国际理解教育活动，让学生对话民族与世界，对话当下与未来。

如今，杭州二中滨江校区云集了城区毕业生群体前5%的资优学生。应该给众多的资优学生一个怎样的未来？应该为他们的卓越发展奠定怎样雄厚的基础？过去两年中，类似的问题一直萦绕着尚可。

正所谓"念念不忘，必有回响"，2018年，二中考取北大、清华的同学达60人，创下二中最好成绩；2019年的这个数字同样耀眼，达到51人。

教育是一种永无止境的使命。学生竞赛成绩、北大清华录取人数，学生的高成长性使二中拥有了很大的美誉度和影响力，但二中一直立足于全体学生，积极探索教育的"普惠模式"，为促进不同类型不同层次学生的差异发展、多样发展、卓越发展奠基。"这种探索和实践是一件利及当下、功在千秋的事，也是二中任重道远的任务。"尚可将自己的理想和学生的发展紧紧联系在一起。

站在历史和未来的连接处，展望未来令人怦然心动。

尚可深深地感到，以人工智能为核心的未来已扑面而来，中国叫互联网+，美国提出新硬件时代，德国提出了工业4.0。人工智能会使未来地球消失许多工作，也会创造许多工作，然而，未来不可知，想象的未来也许只是真实未来的一个尾巴，未来的许多工作还未诞生，未来究竟需要怎样的人才？

"我们是以今天的教育为未来培养，教育需要走在时代的前列，因此教育需要变革，学校一定需要进化。目前的学校，教育具有工业时代流水线的烙印，也许机器越来越像人，人会不会越来越像机器呢？因此，当我们来到数字革命时代，教育需要选择，教育需要变革。二中需要勇敢地走上前去，迎接这个骤变的时代，更好地把握和推进自主发展教育，平衡两极，以实践智慧创造出一种面向未来的生机勃勃的教育模式，为学生的未来，为未来的卓越发展而奠基。"

人生的边界

"我正站在人生的边缘上，向后看看，也向前看看。向后看，我已经活了一辈子，人生一世，为的是什么呢？我要探索人生的价值。"这是杨绛先生96岁时，在《走到人生边上》一书前言里写的话。探索人生的价值，关键不在于时间的长短；一个人跋涉的远近，最终取决于能不能突破人生的边界。

人物 PROFILE

追求无限的人生。"探知可无止境,但应心存敬畏。人生可求利益,但应勿忘情怀。追求可有自我,但应勿忘超我。"在今年的高三毕业典礼上,尚可告诫同学们的一席话,正是他人生觉解的生动写照。

追求无限的人生。"探知可无止境,但应心存敬畏。人生可求利益,但应勿忘情怀。追求可有自我,但应勿忘超我。"在2019年的高三毕业典礼上,尚可告诫同学们的一席话,正是他人生觉解的生动写照。

儒雅谦和的尚可,在命运的转折点前,却是义无反顾的那个人。很少有人知道,他对当代教育的探索,经历过怎样的艰辛。

尚可出生于20世纪60年代,怀揣对知识的渴求、对真理的渴望、对未来的憧憬,他的少年常与书籍为伴,在很多时间,他的快乐源于铅字里流淌的哲思,以及其中展现的新奇世界。他博览群书,他读报纸,读《金光大道》,读民间偷偷珍藏的《水浒传》《西游记》《隋唐演义》,也读《长恨歌》《江格尔传》,在彼时闭塞的淳安村庄里,书本为他打开了一个又一个未曾体验的美丽新世界,在风烟清寂的千岛湖畔寄托着少年无边的梦想。

天道酬勤。1977年10月,一个更广博的世界向他敞开。《人民日报》头版发表《高等学校招生进行重大改革》一文,宣布恢复中断11年的高考。这消息就像生命的及时雨,滋润了莘莘学子的梦和心房。那一年,尚可刚就读高二。

当年,他以高二学生的身份参加了预考,并顺利入围1978年春季恢复后的首届高考,虽然未被录取,但于他而言,是何等难忘的人生体验。高二最后一个学期的备考是难忘的,淳安汾口中学校园周边成片的茶园里每天清晨都站满了诵读备考的学生。1978年夏,记忆中是7月中下旬的几个炎热天,他参加了语文、数学、政治、物理、化学的理科考试，以优异成绩被浙江师院数学系录取。40多年后，回忆起这段时光，尚可依旧热泪盈眶："我是极其幸运的。"

在2017年浙师大的开学典礼上，尚可以校友身份与学弟学妹分享了他的大学时光。大教室里富有魅力的课堂，图书馆中排成长龙的人流，操场上此起彼伏的呐喊，深夜里经久不熄的灯光，还有合欢树下指点江山、激扬文字的少年心事，夕阳余晖中漫步树林、只身行走时的冬夏春秋，甚至是露天电影演绎的情愁爱恨、悲欢离合，至今都令他魂牵梦萦，镌刻心头。

尚可17虚岁迈入大学之门，21虚岁时便走上了工作岗位，成为浙江省严州师范的一名老师。走上工作岗位，他才发现，他的学生平均年龄30多岁，比他还大好多。10余年时光在平平淡淡中不平淡地过去了。1993年，两个发展机遇摆到尚可面前：一是可能出任严州师范副校长；二是到杭大读研究生。他最终选择了后者。他轻描淡写地道出自己选择的理由："感觉人生活力不够，动力不足，要改变一下。"

1996年研究生毕业，杭州二中成为他履历表上的崭新一页。旁人不知道的是，尚可差点展开了另一条人生轨迹。那正是他对人生边界的探索。

研究生毕业前，他考取了全国律师资格证书，当时的通过率只有10%。他以"衣带渐宽终不悔，为伊消得人憔悴"的执着与坚持，从零开始学习。一个半月，他把自己封闭在宿舍楼里，复习资料分科目铺陈于4个房间，"这样连书本打开、合拢的时间都省下来了"。孤独与煎熬难以想象，学习过程中少有灵光乍现的欣喜，多的是乏味枯燥的重复。有一次，他实在静不下来，就骑着车，绕了西湖整整一圈；还有一次，他借了整套武侠小说，花一晚上看完，把思虑一次清空了。

那段废寝忘食的经历让他意识到："人的潜力是无限的。"再之后，他和朋友一起创办律所，但最后还是决定做老师。对此他如是解释，"做一个老师，做一个学者，有更多身心的自由"。

在2008年"长三角教育"杂志发表的访谈文章中，尚可曾用他的阅读经历总结了那些年走过的历程。他说，大学时期是一个文学梦幻的时代，如饥似渴地阅读中外名著和当代名篇；风华正茂的工作初期是一个哲理和诗情泛滥的时代，哲理是生命的根，诗情是生命的花，为了根深叶茂诗意地栖居，钟情于哲学和诗歌，那种读书是散淡而随意的；研究生时期和杭二工作初期是教育思想的汹涌之时，自那以后的读书，更多地聚焦教育教学理论，美其名曰读有用之书，直至今日。贯穿其中不间断的是"武侠"的阅读，携神仙伴侣，仗三尺青锋在"江湖世界"中荡尽一切不平事，那是何等快意恩仇、令人神往……

如今，尚可的办公室乍看上去并无特殊，但房间里的一些物件诉说着主人珍视的细节。他摆在书柜里最多的有两类书：一是与教育教学研究有关的理论书籍，二是当代作家的签名书籍，莫言、张抗抗、北岛、舒婷、麦家、赵丽宏、阎连科……他与麦家的合影则放在书桌最显眼的位置。

在尚可的气质里藏着他阅读过的书，儒雅而理性。

在杭二工作的第一年，他给自己定了追求目标：做一名实践着的研究者，研究着的实践者。他一方面用大量时间探索解题思路，常备课至深夜，加上丰富的教学经验，他的班级在六个平行班中取得了很好的成绩。另一方面他运用自己豁达的教育理论修养，以及学校丰富的实践，定位于理论和实践的沟通，开始了以行为研究方式为主的教育研究。

之后他出任校科研处主任，这个岗位更像是智囊。学校的发展、课程的设置、教学的改革、评价的实施，每个环节都需要理论和实践

人物 PROFILE

相结合。他组织和指导老师开展教育教学研究，指导论文撰写，在市学科论文评比中获得了空前的优异成绩。

当时，他参与研究的一个重要课题是自主发展教育，至今仍是杭二中的重要教育品牌。还有"创新教育"实践与研究。20世纪90年代末，二中开设创新实验班，由尚可负责方案设计。他的课题《运用现代教育技术构建"数学实验"教学模式的认识和实践》获省九·五重大科研成果一等奖，省基础教育教学成果奖政府奖二等奖。此外，他作为执笔人、主要完成人的两个项目获得省基础教育教学成果政府奖一等、二等奖。

在离开二中前，尚可的身份是副校长。那段时间，他协助老校长徐承楠和同学们策划进行了二中百年校庆的相关活动。2001年4月，二中迁址滨江，尚可带领学生处同事，初步建构了寄宿制学校的教育管理体系。

选择权不总在自己手中。安顿好新校区，2001年7月，尚可调任浙大附中任常务副校长，2004年初任校长和书记。在浙大附中，他的重要转变是从一名研究者成为了一名管理者。但他没有停下教学研究的脚步，他将教学研究融入日常工作，在工作中研究，在研究中工作。

期间，尚可关于研究性学习、"基础+创新"教学模式、真实情景下的教学改进、双重教学研究、英语形成的评价和自主学习能力等方面的课题成果，获得省市基础教学成果政府奖及中国教育学会学科专业委员会等多项奖励，极大地推动了学校教学改革和实践。

他常说，管理要走心，管理要循序渐进，力求小步快进；要外圆内方，力求刚柔并济；要情理交融，力求管理的柔度和温度。

以校园改造工作为例。尚可到浙大附中时，校园改造刚启动，由于历史原因，直到他2010年调任杭高校长兼书记，最后一栋办公楼才收尾。

面对这样一项工程浩大且涉及面广的工作，尚可坚持将每个细节做到极致。改造后的浙大附中校园错落有致，精致典雅，被尚可形容为"身处城中，离尘甚远"。他给每幢建筑取了富有诗意的名字，处在栖霞岭下，女生宿舍取名"栖霞"；艺术楼用了丰子恺的字号，叫"丰润"；办公楼叫"明远"，取意于学校的前身明远中学；图书馆取名"悟言"……

这种极致的探究精神，在之后杭高的校长生涯中得以升华。2014年，他在杭高发起了一场名为"杭高人核心品质"的大讨论。杭高甬道上出现了一条标语：做一个善良、丰富、高贵的杭高人。之后，尚可又加上了"理性"一词。

苏格拉底说"未经省察的人生没有价值"，笛卡尔说"人的全部尊严在于思想"，圣哲之言共同诉说着人类社会一切崇尚理性、践行理性者的心声。尚可告诫同学们，"唯有理性，才能带我们靠近事实与真理"。

2018年，杭高将"杭高2017学年毛江森院士教育奖"颁发给尚可。颁奖词是这样的：博学西子畔，儒雅贡院前，潇洒钱塘边，快意江湖间。三尺讲台，教学美名远扬，文理融通，执教数学文采甚是了得。四方书桌，治校运筹帷幄，德艺双馨，名曰尚可水平实不一般。

这，便是对尚可追求无限人生的诠释。

温暖的星辰

在前四次采访中，笑容一直未从尚可脸上消失，他身上带着一种一般人难以企及的亲和力。

第一次在《杭州湾会客厅》录制现场，作为嘉宾，尚可分享了他的教育观点。哪怕是遇到争论激烈的话题，他依旧能以平和的心态理性分析。关于择校热，他说："以前讲，义务教育阶段公办不择校，择校在民办。而民办是千军万马过独木桥，不能满足所有人，所以会有很多议论和想法，这也是正常的。我相信也期待，随着'美好教育'行动计划推进，情况会有好转。"

第二次在杭州国际学校的新址开工典礼，找他合影的人络绎不绝，尚可始终面带微笑，礼貌地回应每一个人。见到记者，他主动上来打招呼，把记者领到休息区，用笑容化解记者的紧张情绪。

第三次我们终于有机会面对面坐下来深谈。人生跌宕起伏，其中的无奈与喜悦，他都坦诚地展现在记者面前。访谈持续了3个多小时，那些美好的、难忘的、温暖的故事，始终无法穷尽。

第四次在校庆宣传片的拍摄现场，在师生面前，尚可流露出最自然、最真切的笑容。持续在高温下，汗水湿透了他的衬衣和西服。活动结束后，他并没有急着离开。为了配合拍摄，他借用了一位高一新生的眼镜。在校团委傅哲莹老师的帮助下，尚可找到了那位学生并表达谢意，"我们合个影吧，留个纪念。"尚可主动说。

诚如雅思贝尔斯所言："教育就是一朵云推动另一朵云，一棵树摇动另一棵树，一个灵魂唤醒另一个灵魂。"尚可对此言理解颇深。他一言一行严于律己，以微笑面对每一位师生。

他为人处世的善意在更多地方得到印证。在傅哲莹的记忆中，他几乎没有对同事发过火。"尚校长是一位极度儒雅的校长。他的讲话总是很诗意，但作为数学老师，他诗意的文字还同时具有学术的严谨。遇到难事，他会既理性又感性地分析问题，解决问题，力求做到动之以情，晓之以理。"

那天临别，尚可依旧面带微笑，还反复强调："有需要，随时再联系。"于是有了第五次采访。记者拨通了他的电话，抛出了比之前更敏感的话题："尚校长，您有遗憾的事吗？"

电话那头安静了5秒，他主动将沉默打破了。"那……当然有啊，教师心怀遗憾往往是学生在成长过程中出了问题。"尚可用10多分钟，讲述了一个令人悲伤的故事。在浙大附中工作的那几年，一位女学生，患有先天性心脏病，在校期间发病了。女孩被紧急送往医院，花了很大力气才抢救过来。但因为家境贫寒，女孩始终没有做手术根治。几年后，女孩考入了一所不错的大学，却在大学期间病发去世了。

"作为校长，我很悲伤，也很遗憾。我有很多假设，如果我当时再多关注她一点，如果学校能为她发动一次捐款，结果会不会不一样？"他的声音有点哽咽。这件事虽过去多年，却一直如大石般堵在尚可心头，挥之不去。

"作为教师，最大的遗憾是学生出现意外，或者由于某种原因行为发生偏差没能及时回归，导致自暴自弃走向歧路。产生遗憾的原因很多，有时候是教育的不成功，有时候是教育者自己也很无力。"

也因为这样，他尤其珍视学生的每一步成长。12月中旬，冬日里透着难得的暖阳。每年，杭州二中的成人礼都会在这样的季节举行。父母的心情是无比复杂的，对尚校长来说也是如此。

同学们依次穿越成人门，迈过告别青涩、走向成熟的那道门槛，共同抛起手中承载责任与担当的成人帽，那一刻，他们距离梦想更近了一步……那是尚可记忆中最美丽的画面。

作为高中校长，他经历过太多次高三成人礼，但每一次为高三孩子们佩戴上成人帽时，他都会有不一样的感受。在他看来，18岁对高三孩子来说，不仅标志着他们即将进入成人世界，也意味着承担更多。"在18岁这个充满激情的年龄，每个人心中都有一个想要达到的远方，他们会带着良好的综合素养和辨识能力，去开启新世界。"在2018年二中成人礼上，尚可深有感触地说。

显然，高三毕业升学不是尚可划定的教育终点，他希望赋予孩子们更多应对未来的能

人物 PROFILE

力。在采访中，尚可不止一次提到教育是必要的乌托邦。这一理论出自联合国教科文组织21世纪教育委员会的报告《教育——财富蕴藏其中》。尚可说，乌托邦是对未来的一种思考和设想，包含着理想、希望乃至梦想。"必要的乌托邦"意味着教育是走向未来的教育。

他深信，教育是一种唤醒、一种哺育、一种引领。

前几天，在小区旁的餐厅，邻桌的客人向尚可打招呼。这是一位2018年二中的毕业生，考取了北大法学院，学生及家长过来和校长一起分享过去一年的收获和感动。洋溢在一家人脸上的喜悦和感激，让尚可深深动容。同样在这个暑假，尚可在路上偶遇了另一个二中学生一家，孩子也考入了北大，见到尚校长，一家人难抑激动之情，邀请尚校长挤在路边合了个影。

有曾经的学生，因为机缘，与尚可成为同事。采访那天，接待记者的二中老师来茹萍分享了她的故事。她说："尚校对我来说，不只是领导，更是我就读杭州高级中学时的校长，所以我们之间又多了一层师生的孺慕之情。"

在来茹萍眼中，尚可校长既有力挽狂澜的大将风度，又有宁静平和的儒雅气质。"每当校长向你讲述一个又一个源远流长又引人入胜的故事时，总感觉他是一本典藏很久的厚重的书籍，每次翻阅都会有新的发现，新的收获。"

还有更早一些的学生。四年前，一位曾就读于浙大附中的学生家长，辗转找到尚可，向他报喜。孩子在英国读博士，从事生物医学研究，科研水平达到了世界顶尖。当年，因为成绩原因，那位同学差点失去了就读浙大附中的机会。尚可通过多方考察，最终把孩子留在了附中。"孩子留下来以后，我们努力激发了他的内在潜力，使他的成长有一种不竭的动力。"尚可觉得，这便是唤醒的例证。

作为教育人，当然也有意料之外的惊喜。在2019年的市教育大会上，尚可发言后，育才学校郜晏中校长在他发言的开场自然地提起："我和下一位发言的张老师都是尚可校长的学生，我们都曾是严州师范学校的学生。"郜校长的开场白引起了周江勇书记的关注。周书记在报告中谈起教师队伍建设时说："尚可校长是二中校长，很成功，很有成就，代表二中水平；作为老师，他也很成功，今天应该很有成就感，今天很幸福！"

是的，这些年，每当有学生的好消息传来，都让尚可异常兴奋，这是教育之于他的最好的礼物。

《杭商》记者问他，您眼中的美好教育是怎样的？

他说：能够点燃学生心中的火种，使他向往光明，让他的人生更美好的教育，是美好教育；能够尊重教育规律和学生身心发展规律的教育，是美好教育；能够促进学生可持续发展、多样发展的教育，是美好教育。

尚可喜欢用哲理描述教育的意义，在他的教育观中，哲学是重要的理论根基。他多次引用康德的话："有两种东西，我们越是经常、越是执着地思考它们，心中越是充满永远新鲜的、有增无减的赞叹和敬畏——我们头上的灿烂星空，我们心中的道德法则。"

若征途是星辰大海，尚可期冀同学们能以生命星辰之光，点亮生活中可能出现的漫漫长夜。

结束采访，尚可领着记者漫步荷塘，说着细碎的二中故事，都与孩子们有关。例如，采访后一天，第四次哈佛领袖峰会就会在二中举办，这几天孩子们都兴奋极了；又如，池边的竺可桢铜人像常有同学来"朝圣"，节日会送上苹果，考试前会来合影。

盛夏，荷叶满塘，荷花一池，清水一汪，蜻蜓数点。阳光信手挥笔，将满池芙蓉渲染得格外清丽。很快，会有一批新同学来到这里，在池边许愿，在廊桥看星辰。

对话尚可

关于教育，那些遗憾的，美好的，温暖的

Q：在工作中，最美好的瞬间是什么？

尚可： 这样的瞬间太多了。一下子说不上来哪个瞬间是"最"，但毫无疑问更多与学生的成长有关。经常会有一种感受，在不面对学生的时候，我们在思考很多管理上的引导和严厉的防范举措，但是面对学生的时候，我会觉得每一个学生都是那么可爱，教育的美好情愫就油然而生了。学生犯了错，你给了他一次试错的机会，最后他有了很大的改变，这种时刻，身为师者的你会甚感欣慰。

我每次参加学生成人礼的时候，心里总会很有触动。原来杭二中的成人礼在万松岭革命烈士纪念碑下举行，2017年开始，我们做了一些改变，更努力地追求有意味的形式。我们会邀请每个学生的父母参加，有的孩子爷爷奶奶也来了，外婆外公也来了。整个现场气氛非常好，班级展板、成人视频、签名墙、摄影墙等，共同渲染出盛大节日的隆重氛围。

仪式中有父母跟孩子的互动，老师跟学生的互动，有校友间的互动，还有家长和师长给学生佩戴成人帽、全体学生走过成人门的环节，都令人印象深刻。本来小孩子18岁了，这个时刻不去定格，它就这么轻描淡写地滑过去了。但是这样一个特定的日子，有必要通过庄重的仪式把它定格，定格以后把它放大，放大和审视便会有许多的感悟，于是便赋予了它意义。

因为从呱呱坠地到牙牙学语，从背着书包上学堂到长大成人，这条路是父母呕心沥血之路，是社会各界充满关爱的阳光之路，成人意味着希望，更意味着责任。这种"有意味的形式"能很好地唤醒学生的主体意识。

2018年成人节我给学生们写下了一段寄语："……十八岁是青春的象征，是成人的起点，是成熟的开始。然而，真正的成人是精神上的成人，是思想的成长，是心性的磨炼，是心智的成熟。十八岁，心灵之烛光点亮生命的远方。期待远方的你们知书而又达理，谦逊而又自信，现实但有梦想，精明但有坚持，仁爱但不软弱。勇敢但深知和谐宽容之可贵，激情但深知规则秩序之可重。追求物质生活的丰富，但绝不忽视精神世界的饱满！以幸福生活为首要目标，但绝不摒弃远见！"

我一直要求"要创造属于形式的力量"。教育活动内容为王自不待言，但是一定要创造出形式的力量，让每个学生都能真正有触动、有感染、有思考、有共鸣，在情境中真正触发内心的心理活动历程。

在我看来，教育是一种向上向善的心理活动历程，它是有方向的。教育还一定是对象主动接纳和认同的过程。我们只能通过创设一种情境，让学生在情境中逐渐悦纳和认可某种东西，然后逐渐确定，它不可能是强迫的。有了这些逐步加深的意识以后，他才会产生一种深刻的精神转变，精神转变以后，所谓的价值观、人生观和世界观就确立了，它不可能是被控制的。正因如此，教育一定是外部环境和内在教化统一的过程。

所以学校的活动永远具有教育性。每年的成人礼我都感慨万千，甚至感动不已，那是因为这种教育行为触碰了同样身为家长的我心灵深处最柔软的地方。每年，我们都会把父母与孩子之间的书信编成一本集子以作留念，相信会是孩子一生中弥足珍贵的回忆与留存。

人物 PROFILE

Q：在工作中，您有过遗憾吗？

尚可： 遗憾的事情，对教师而言，肯定是学生在成长过程中出了问题。

十几年前我在浙大附中做校长的时候，有一个女生她有先天性心脏病。有一次上体育课，本来她是免修的，那一天她来了兴致，投了两个篮。投中了很高兴，就又多投了几个，突然就往后翻倒，不省人事了。我们非常紧急地把她送往附近的浙江医院，给她父母亲打电话，却音讯全无。百般无奈之下，为了救人，我去签了字，医生终于把她抢救回来了。

当时医生建议给她做搭桥手术，我们就跟她母亲谈，说学校可以开展一次募捐活动，让她女儿做搭桥手术。她母亲刚开始答应得好好的，却一直拖到了高中毕业。女孩考上了不错的大学，但是一年以后，我们在报纸上偶然看到一条消息，这个女孩去世了。

她的手术一直没有做。我们老师看到这个消息半天说不出话来，无比痛惜和遗憾，一个花季的少女就这样去了。

我有很多假设，本来我可以怎么着……虽然这件事我们没有责任，但总是堵在心头的巨大的遗憾，久久挥之不去。

所以，作为教师最大的遗憾是，学生出现一些意外，或者因为某种原因发生行为偏差，导致其自暴自弃走向歧路。有时是教育的不成功，有时是教育者的苍白无力。

相反，教师工作最大的幸福感源自工作本身的价值，教育是对学生的一种唤醒、一种哺育、一种引领。我们通过教育为学生奠基，使其成为一个有用的人。所以我说，最幸福的事就是感受到学生的成长。毕业的学生有好消息传回来，或回学校看看我们，我们总是觉得有满满的幸福。

Q：您理想中的教育是怎样的？

尚可： 教育的终极意义和目标究竟在哪？我觉得应该有两个方面：一方面，对社会和历史而言，它是更新、传承、创造人类文化的过程，这也是教育的使命。另一方面，我们要通过教育挖掘学生的生命潜能，扩大其生命内涵，为他的未来奠基，使其在实现个体价值的同时，为社会贡献力量，实现社会价值，这是教育的真正意义所在。

如果我们再换一种表述，我们说人是什么？马克思说人是生产关系的总和。海德格尔也说过，人是诗意的栖居。人既有我们可知可说的东西，又有我们不可知不可说的神秘。人区别于其他动物的特质是什么？他是有灵魂，有思想的，是一个大写的人，是社会人，是文明人。教育就是要通过影响和引导学生的生活，让人去成为人，让自然人、生物人成为一个真正意义上的社会人，这也许是教育的终极意义。

这实际上是人类的一种理想，那就是人类要完善自己，成为一个站立起来的真正的人，人心中有一种不竭的动力，有一种不变的冲动，这种东西是什么？就是人的理想。教育需要一定的乌托邦，曾经联合国教科文组织有一本书，叫作《教育：必要的乌托邦》。乌托邦很多人都认为是空想，是幻想，但是这里面有理想的成分。

相对于现实性，教育更具有超越性或理想性，教育不同于作为事实体系而展开的纯现实，而是一种灌注着人类理想的活动。

相对于继承性，教育更需要批判性，目前的现实不是唯一的现实，因而不能构成教育的唯一，着眼于未来的教育终究是要借力在建设性的批判之上的。

相对于经验性，教育更具有实验性，教育行进的过程必然是一个朝着未知领域，怀抱理想信念不断探索的过程。我们需要把握平衡，努力超越传统激进、维持与变革、本土与全球这种二元对立，让基础性、发展性、创新性相得益彰，在理想的指引下以更理性和建设性的态度面向未来探索前行。

Q：家长在教育中应起到怎样的作用？

尚可： 补习班现在为什么这么热？其一，家长们觉得自己没有时间管小孩，送补习班读书心里放心；其二，这也反映了一种群体性的焦虑。焦虑因对比滋长，也因攀比而蔓延。这种集体焦虑，本质上其实是对时代的焦虑，对自己的焦虑，对文化不自信的焦虑，对阶层固

化的焦虑。其中既有对社会公平和美好的期盼,也有对教育的不满与不安。今天的家长,经常是发现小孩有点问题就很急,要来管一管。听到别人家的小孩子出成绩了,又觉得心里很着急,多表现为一种即时性的、随机性的教育行为,也可以视为特定阶段突击性的培养行为。从现状看,家庭教育是缺少整体把握的。正是因为这种不确定性,导致家长不仅仅焦虑眼前,更焦虑以后,上小学以后,上初中以后,上高中以后,上大学以后,甚至是往后几十年。

从事教育事业30余年,为学生的卓越发展而奠基是尚可始终不变的追求,也是在他看来最浪漫的事。

何谓"卓越"?或许正如他在高三毕业典礼上所言:"以大胸怀、大作为、大格局,以点点星光去点亮一个人、一群人,去点亮这个世界、这个时代。"

人物 PROFILE

焦虑未必一定意味着就是坏事。有焦虑就有质疑与反思，而质疑与反思终将带来教育的发展和进步。

理想的家庭教育应是这样的，父母通过营造学习型家庭的良好氛围，让孩子感觉到家长对事业的追求，因为言传身教是最好的教育。同时，好的家庭教育还应具备"文化反哺"的功能。一个小孩在自我成长之同时，还要帮助父母成长。小孩的诞生相当于一个创口贴，把父辈身上的创口到处贴一下。所以，好的家庭教育往往表现出家长、孩子双方共同成长的特征。

Q：如何安排一天的工作？

尚可：我的日常是这样，一般六点半起床，到学校七点四十左右。上午工作很多，一是内部管理。例如星期一上午，校级班子、校长办公会、党委会。星期二上午有中层干部行政会议，星期五下午常常是教工会。还会经常有的教研组长会、年级组会。校外还有一些经常性的行政的、学术的会议。二是召集学校相关人员研究问题，推进工作，检查落实情况，安排布置新的工作，做一些具体问题的研究和布置。三是校长是一个符号，一个代表，所以经常还有很多接待来访，方方面面的，还要找老师谈话，参加学校学生的各种活动等，不胜枚举。

大部分老师可能五点左右离开。上班的时候人来人往，很难安静。下班了，安静下来了，常常需要自己做点案头工作。有一些工作要静一点的时候再做，比如大量的文字报告和各种材料，各个正式场合的讲话稿，绝大多数都是由我自己起草。

校长的角色是领导者、教育者和管理者的三位一体。作为领导者要把握正确的办学方向，规划学校的发展蓝图，明晰学校的办学思想，做教育思想的领导者。作为教育者，校长是学生、教师、还是自我的教育者，他应该是教育的行家里手，甚至是专家。作为管理者要凝聚人心，通过内部和外部有效的管理建立机制来支撑和实现其办学行为。概括地说，校长要确定战略、构建关系、承担责任。要用"结构—关系—战略"的框架思考和推进学校的发展。

■赤子之钟

Q：假期的时候，您会做什么？

尚可：暑假是个加油站，无论是学生还是老师，都需要通过这段时间调整身心，吐故纳新。此外，要做你平时没时间又很想做的事，如多看一些喜欢的书，看一些喜欢的电影，做一些感兴趣的事，当然，适当的学科学习也是必需的，通过暑假争取主动。自然广义的学习方式是多样的，行万里路也是读万卷书。

至于我自己，作为校长，暑假有三个校区的许多工程项目要关心、关注，还有许多临时事情的处理，要总结一学年的成绩与不足，要思考和筹划新学年的工作，坦率说空闲也不多。但不需要像平时一样准时上下班，便有了更多的自由度，也有了更多的休息和放松，也有了更多自己学习的时间。前段时间，我还去看了动画电影《哪吒之魔童降世》，制作水平很高，颠覆传统的哪吒形象以及尊重和爱的力量、世俗偏见的力量都令人感受很深。

暑假我还读了《高效能人士的七个习惯》的作者斯蒂芬·柯维的另一本著作《第三选择》。作者宣称：有一种方法能够解决我们所面临的最棘手甚至看似无法解决的问题，有一种方法能够解决生命中几乎所有的困境和严重分歧，它是通向未来的方法，一种更先进、更好的方法，称为"第三选择"。通过一种被称为"协同"的原则达成第三选择，从"我的方法"和"你的方法"的冲突中，通过协同，得到第三种选择——"我们的方法"，一种视角更高、更好的解决冲突的方法。书中还有许多具体的思维模式、步骤、方法和案例令人获益匪浅。

暑假我还大致浏览了《爆裂——未来社会的九大生存原则》。这是两位知名创新学者、未来学家的作品。梳理了当前的新时代、新理念、新规则，告诫我们过去默认的规则将被重新定义，忽略它后果堪忧甚至将落后于时代。这九大原则是涌现优于权威、拉力优于推力、指南针优于地图、风险优于安全、违抗优于服从、实践优于理论、多样性优于能力、韧性优于力量、系统优于个体。无论如何，这九大原则对我们理解未来社会范式，对于未来人才的理解，对未来教育、未来学校、未来教师的把握还是富有启迪的。

Q：再往下走，您个人的目标是什么？

尚可：我的工作时间已经不是很多了，马上要迎来退休，还有三年半的时间。就二中工作来讲，要乘百廿校庆东风，总结和弘扬优良传统，与时俱进，加强集团化体制和机制的实践研究和构建。东河校区通过这两年拆旧建新及校园改造后，将呈现崭新的面貌，需要完善和深化善慢教育、适性教学、陪伴成长的特色，建立生机勃勃的教育模式，促进学生的差异发展和多样发展。钱江学校刚刚成立，需要尽快完成后续相关工作，确立学校顶层设计，做好学校发展规划，通过精细的管理力争高起点的办学。滨江校区随着国际部的回归，教学综合楼的建设，地下停车库的使用将给学校的硬件条件带来巨大的提升。二中在全国有很大影响力，要继续坚持理想，坚守风骨，遵循规律，加强管理，提升内涵品质，以促进学生的多样发展，促进拔尖创新学生的脱颖而出。在高中教育的改革和发展上，努力创造二中经验，贡献二中智慧。为二中今后的持续发展、高位发展奠定基础，当好铺路石。

责任编辑/楼燕红
本文部分图片由被采访者提供

■蕙兰陶舍

人物 PROFILE

梁建章：理性的胜利

□ 虞 越　李志刚/文

梁建章，人们通常用James来称呼他，有着开挂的人生：少年天才，14岁读大学，创办一家上市公司，辞职留学名校读博士，用自家公司数据做研究，再将研究成果发表在世界顶级期刊上。

每天早上七点，梁建章准时来到凌空SOHO。他有两位助理，早晚两班倒。员工说："他的脑子转得太快了，跟不上他的节奏。"

凌空SOHO是携程的总部，紧挨着上海虹桥机场。12座建筑被十几条空中连桥连接成一个空间网络，仿佛也连成了人与世界的网。

20年过去了，当年上海天文大厦17楼1702室里所发生的故事，在这座占地100167平方米的建筑里仍继续着。

那是1999年，一个中国互联网被点燃的年代，一时间涌现出了星星点点的火苗：马云、马化腾、丁磊、李国庆、陈天桥……

这些火苗，有的已成熊熊火焰；有的在风中摇曳，由于战略失误举步维艰；而有的早已悄然熄灭，或被并购或被淘汰……

而梁建章，带领着携程平稳穿越了互联网的20年，至今仍在中国互联网企业中活跃着。他像一个符号，刻在了中国互联网历史长河里。

梁建章，人们通常用James来称呼他，有着开挂的人生：少年天才，14岁读大学，创办一家上市公司，辞职留学名校读博士，用自家公司数据做研究，再将研究成果发表在世界顶级期刊上。

他的人生有着浓烈的英雄传奇色彩：在公司被群狼撕咬的时候，他飘然归来，力挽狂澜，将跌至谷底的公司拉升到200亿美元市值。

他是企业家，也是学者。双重身份并未在他身上体现矛盾与冲突，他享有双重身份带来的使命和责任，精力旺盛，连轴转。

他的老同学、创业伙伴、红杉资本全球执行合伙人沈南鹏如此评价他：

"30多年过去了，他的睿智和好奇心一如当年。我遇到过不少非常'聪明'的人，但James往往比其他人想得更深，也把思辨（Critical Thinking）的能力表现得淋漓尽致。"

1
-纵横-

接受访谈的当天，梁建章穿着一件淡蓝色的棉质衬衫，气质温和。

他的办公室白得有点发亮，办公桌是浅色的，墙上挂着世界地图和中国地图。靠墙的展示架上放着几盆绿萝，是屋子里少有的点缀。棕色沙发旁立着地球仪，地球仪后方是一台望远镜，朝向窗外。窗外，高架交错，飞机起落，声音略嘈杂。站在这，好似一窥探世界的窗口，又有点岁月静好的味道。

在六七年前，携程充斥着焦虑的气氛。2000年就加入公司的携程高级副总裁庄宇翔，当时负责商旅事业部，他的感觉是"船快沉了"。

一次会议上，眼瞅着自己公司被人整，庄宇翔终于按捺不住内心的血气，"你们在瞎搞！崔广福（当时艺龙CEO）你们认为他是什么样的人？崔广福放在我们公司，至少副总裁吧，我们酒店业务派谁跟他干？派一个总监跟他干，打得过他吗"？

当时的艺龙一路猛追，在酒店业务死磕携程。2012年初，艺龙的酒店预订量已经是携程的一半，眼看就要直线逼近。

2012~2014年，是OTA价格大战的3年，各家为了争夺市场份额，不惜以牺牲全部利润为代价。机票有去哪儿，酒店有艺龙，旅游有途牛，门票有同程。携程可谓四面楚歌。

被上市公司身份束缚，携程不愿意利润受损。利润受损，股价就要跌。而竞争对手给资本市场讲的故事是，暂时损失利润，追求市场份额。市场份额上去了，以后钱会赚回来。

携程内部不是没考虑过打价格战。但没有人敢拍板说，我们就坚定不移地打下去。有时候打了一个月的价格战，亏钱了，又收手。面对竞争对手猛烈的追击，携程进也不是，退也不是，士气低落。

市场份额的损失，也反映在股价上。携程跌到了谷底。

这时候，很多人找到远在美国读书的梁建

章：公司都快没了，你还搞啥人口研究？

于是，梁建章从美国归来，重新执掌携程。他的回归，对家人来说，却不是一件什么"好事"，钱赚不了多少，还会有身败名裂的风险。

"没有风险就没有意义。没有一件事既让你做得很有成就感，又没有风险。确实没有别人能做这件事，携程是我一手创办起来的。无论从任何角度来说，只能是我来做，我也应该是最有动力去做的。"

梁建章的归来，无疑给这艘大船注入了一剂镇静剂：

首先，统一内部思想："我们要打"。

其次，就投10亿美元，10亿美元没人投得起，只有携程投得起："不要在乎股价。"

"他会把事情想得很清楚，然后给你一个明确的方向，大方向定了，我们就坚定不移地朝这个方向干就是了。"携程高级副总裁汤澜说。

年轻的途牛和艺龙在猛烈的攻势下主动交枪。如果说艺龙、途牛的入股还算顺利，那么"去哪儿"对于携程来说绝对是劲敌。

反复谈了十几次，"去哪儿"宁死不屈，我就不跟你合并，因为我要超过你。我不仅要超过你，还要跑到你那里去挖人，还要发个自拍："携程高管都很棒，今天搞定三个。"

外表刚硬勇猛，内里暗流涌动。

面对如此棘手的对手，携程一方面和"去哪儿"谈，一方面和"去哪儿"的大股东百度谈。最终，以换股的形式获得了"去哪儿"的控股权。

"还剩一个同程，我们很调皮。"当携程提出收购的要求时，同程艺龙董事长吴志祥只觉："宁可站着死，不可跪着生，无论如何都要流到最后一滴血。不卖就跟你打！"

2014年1月，同程便开始跟携程往死里打。一边干，一边携程还在暗地谈判，希望收购同程：

"如果再打下去公司就打完了，那你们公司最有价值的还有什么？"

"我们的人，我们的梦想。"吴志祥回答。

那边吴志祥话音刚落，携程就在苏州建立了一个办公室。既然人最有价值，那就要把你的人拉过来，15个总监，轮番进行轰炸：

"你看同程账上还有多少钱，一个亿，我们账上还有多少钱，一百亿，你觉得这两个公司打仗谁能打得赢？"

"这样吧，知道老吴对你们都挺好的，但是识时务者为俊杰，不好意思到我们携程没关系，就自己出去创业吧，随便做什么事情给你投500万元，就在苏州创业也可以。"

说到这，吴志祥百感交集，"我们有大概两个总监出去创业了，两个总监跳到携程去了。记得当时吃铁板烧，吃完以后好像又走掉了两个。各种纠结挣扎，人性……"

3月底，同程做好了最后生死决斗的准备。在北京开了个发布会，跟艺龙签约达成战略合作伙伴，敌人的敌人就是朋友。

2014年4月28日，携程以2.2亿美元现金投资同程，同程与艺龙的合作宣告失败。这场OTA之间的混战也就此落下帷幕。

"James确实还是很牛的，基本上云淡风轻就把市场收拾好了。"吴志祥感慨。

梁建章回归后的8个月，携程股价上涨了190%。

庄宇翔早已解决了生活需求的问题，二次创业让他恐惧的是，携程成了商学院教材上的反面案例，"满手好牌被打坏了"。在携程完成了一次漂亮的翻身仗之后，他说："这是我最大的成就和幸福。"

他认为，"是历史选择了James"。

2
−大局观−

2013~2014年的OTA价格战、并购案，在中国商业史上留下了浓墨重彩的一笔。

豪掷10亿元的魄力、游刃有余的高明手腕、局中人的博弈、牌桌下的隐秘交易、似真似假的权谋八卦，是最容易勾起公众兴趣、激发大众想象力的故事元素。那些枯燥的数据处理、逻辑思考、战略决策是商战演绎的背景板。

事实上，后者才是根本。

"首先是自己要做好，这是根本。谈判是反复的，如果你实力逐步提升，原来谈不成的，后面就谈成了。"梁建章告诉新经济100人，"'去哪儿'如果是独立公司，从长远来说，会更强。它借了百度的力，在短期里更强，但确实失去了独立性。"

在他看来，移动战略配合业务、组织架构重组，以及开放平台，这三大战略才是他回归携程后做出的最重要、最正确的决策。

2014年，OTA百分之七八十的业务来自于PC端。梁建章要求公司整体转向移动端。当时，移动互联网的前景在OTA尚未明朗。这既要求公司的最高决策者看得清楚方向，又要做出不含糊的、唯一的决策。

当时，汤澜他们担心公司的主要产出都在PC端，在移动上倾情投入，产出不一定能够有保障。"一个公司的一把手在这样的困境下能拍板是非常关键的。又要完成业绩，又要发展新渠道，有的领导或许会说，你要在业绩完成的基础上，做这个。但James很坚决，我不管你们怎么样，移动一定要上。这是他的大局观，是非常厉害的。"

梁建章在内部宣布："从今以后汇报，如果不是汇报手机客户端就别讲了。"

当时汇报的高管会讲两套PPT，一套PC端怎么样，另一套移动端怎么样。梁建章果断地说"不要讲电脑，电脑你们自己改就行了，就告诉我手机怎么样"。

携程高级副总裁李小平评价梁建章："既有天才，又有天赋。天才是别人没有想到的事情，他都想到了，天赋是大家想到的，他能带着人做成。那么多错综复杂的事务，他能够帮助各个业务线梳理清楚。我觉得这是他的天赋。"

聚焦移动端的战略确定了，但开发人手不够，商务团队要不断开发新的无线渠道，而每个渠道又需要技术开发跟进支持。记得当初NOKIA要推出塞班系统，要不要跟进塞班系统？团队正在纠结的时候，梁建章就明确告诉汤澜他们，你们也不想想，移动端哪里用得着这么多系统？两个系统不就很多了吗？你们跟进什么塞班系统。"事后证明，他是对的！"

在市场稳定的时候，为了保证效率，携程按照业务部门搭建组织架构，技术是一条线，服务是一条线，运营是一条线。包括负责开发移动端的，也是一个独立部门，其他部门把移动端开发需求给到移动技术部门。

梁建章回归后，认为这样的组织架构适应不了当下激烈的竞争，大刀阔斧地改动，拆分组建事业部，移动部门也如此分拆，把技术人员分配到各个事业部去。相当于组建了多个小公司，有独立的财权、人事权、营销部和技术部。每个小公司与外面的竞争对手打，譬如独立的门票事业部和同程对打。尽管这产生了重复工作，带来额外的成本，不过好处也是明显的，在激烈的竞争中，事业部的反应更为快速灵活。

"平台化"的战略至今仍在持续进行。携程原本只有自营业务，但业务部门在合作中已经模模糊糊感觉到问题，在某个细分领域别人做得很好，我们该怎么办？

梁建章定下了"开放平台"的调子。他的逻辑很简单，如果要赢得市场就得满足消费者。要满足消费者就得产品有极大的丰富性。平台的目标就是解决产品丰富性问题。

大家也担忧做平台，供应商不符合标准，会不会伤害携程自己的品牌？他告诉李小平，先做着看吧。做着做着，李小平意识到所有的问题都可以在快速发展中解决，比如用数据来规范供应商。

开放平台对携程来说，是一个巨大的转变。在此之前，携程在行业里没有什么朋友。"如果不是James做出这个决策的话，其他人很难做出。"李小平说。

人物 PROFILE

"很多人无法穿透很多表象,直击问题的核心。而且,有的人即使是看到了核心,但有没有决心把所有资源都押上去,也是问题。James不是,他看问题很深邃,有一眼能看透的洞察力,非常理性。"

3
—理性—

"理性"是众口一词对梁建章的形容。

2014年,OTA各家财报表现如下:

携程:扣非净利0.11亿元,同比下降98.7%。

去哪儿:亏损18.5亿元。

艺龙:亏损2.7亿元。

途牛:亏损4.5亿元,2013年亏损0.8亿元。

庄宇翔估摸:"如果我们不和百度谈,'去哪儿'最多能再顶一年。不过价格战对谁都不好,我们等于把所有东西全砸光了,再打下去行业的损失也很大。即使我们打赢了,我们也得从头收拾旧山河。我觉得James很理性,换了我绝对不跟庄辰超谈。"

当时的携程已经杀出了血性,公司里的人天天想着打垮别人。梁建章觉得和谈的时机差不多了,百度也表明了很大的诚意。"你把他打垮,时间和金钱都需要花很多,合作更好。"梁建章告诉新经济100人。

"第一次见他,携程还没创立。他给我第一印象,我就觉得这个人和一般的人还是有明显差异的。他思考很慢,慢声细语的,但他的话非常缜密。"李小平回忆,当时他还在航空公司管内部的商务结算系统。

一次商务活动上,有许多来自银行、商界的人士参加。当时梁建章和李小平的朋友交流,李小平就在旁边听:

梁建章:那么大量的数据储存,交易速度是每秒处理多少?

某银行组织中国代表:……

梁建章:这个组织是什么样?……

某银行组织中国代表:……

"我朋友觉得他不是一般人,问到核心了。"李小平说道,"一个银行的组织,他还能想到交易速度"。

2003年,非典来袭,整个旅游业遭遇重创。

携程的会议室里,高管们如热锅上的蚂蚁,大家都觉得要完蛋了。

混乱之中,梁建章来了一句"非典能控制得住,怕什么。"

庄宇翔疑惑,"国家都没有一个人敢说非典控制得住"。问了句"为啥?"

梁建章不紧不慢地说:"所有的非典病人都是先发热再传染,如果说这个人不发热也能传染,快点逃命去吧。只要是先发热再传染,那把发热的人控制住,就能把传染源控制住。"

说起这个小插曲,庄宇翔记忆犹新。"James只要一句话就把这个东西讲透了,他能把事情想得非常清晰,他有他的理论基础,是个理论派。"

谈起辞任CEO读书的决定,梁建章表示"独孤求败"是其中原因之一,另一个是"书没念够,希望去学习,提升自己。希望做一些不一样的事情"。

而在他看来,这段读书时光也成为他过去10年,甚至更久远的日子里,影响最深的一件事:

"读书对我提升还是很多的。我是理科背景嘛,一开始创业就强调科学管理,数据说话。但是经过这几年的训练,知道了什么样是最先进的数据分析,怎么样去按照学术的严谨度来要求。我们不能要求公司的严谨度,至少我可以要求你这个论证应该达到什么样的严谨度。"

"给我们高管开会的时候,他能把所讲内容概括成一个理论,让你觉得更有信心。有时候还能用一个简单的数学方程式来解释面临的问题和解决方案。"说着,汤澜便用手在空中比画着公式,"服了,我们都听他的。"汤澜笑着摇摇头。

当被问到是否会被这样的方式说服时,汤澜

表示："也有怀疑的，但大量的事实证明大多时候他都是对的。另外要把这么多看似分散的东西组合成一个方程式，实际上他是绝顶聪明的。"

就算处在价格战的混战时期，身为"理论派"的梁建章也丝毫不和稀泥，要求每个高管买一本英文原版关于Game Theory（博弈论）应用的书，深入了解坚持"打"的策略背后的理论基础。

"老板推荐了，大家都去看了，很薄的一本。说的正是不同地位的对手游戏策略，书上说，对于市场第一名来说，游戏最好的对策就是针锋相对，敌人做什么你就做什么。这在理论上证明了价格战中我们的应对是正确的，我们更坚定了信心。"汤澜说。

在梁建章办公室外的书架上，仍放置着《stata数据统计分析教程》《概率统计》等书籍。

汤澜负责携程的营销业务，起初梁建章对于每项业务都要有结果。这对汤澜来说，非常痛苦。"做广告，一半儿是浪费掉的，一半儿是有效果的。但关键是你找不到哪一半儿是有效果的。"

梁建章不管，"你证明给我看，你要证明这个是有效的"。

市场部抓破脑袋，使尽招数，被迫想了许多办法。在公开论坛上，汤澜发言：

"我们有可能已经比很多广告公司都强，想出了怎么样来衡量广告价值的费用跟业绩产生的理论。"

汤澜已经习惯了，"只要他问了，我们就要去把它逐步完成，对我们来说也是深入思考的一方面"。

"他对很多问题有深刻的洞见，尤其能够抓住最重要的东西。"梁建章的学术伙伴黄文政向新经济100人表示。比如，有一次在谈到来华签证烦琐的影响时，梁建章告诉他："每年（中国）旅游逆差估计有一两千亿美元。"这个数据给黄文政留下非常深刻的印象。因为中国全部贸易顺差也就是几千亿美元，算上旅游逆差，一下就差不多减掉了一半儿。"他用这么一个数据，一下就把问题的要点给说出来了。"

4
-锋芒-

在一次会议中，一名员工上台汇报，梁建章在台下坐着。

"讲了三句，他不喜欢了，觉得你在胡扯。"庄宇翔回忆。

"别讲了，下去。回去搞清楚再来。"梁建章说，汇报的人就傻在那儿。

后来有人告诉梁建章，你上次说了他一通，他辞职了。

梁建章急了，"他讲得臭我当然说他，但我不认为他差到要辞职的地步"。

"在公司内部错了就是错了，不会照顾你面子什么的。"庄宇翔说，"他不跟你和稀泥，发火脸上就看得出"。

庄宇翔也说，梁建章这些年可能是到了一定年龄了，表达方式也缓和了不少。现在开会，遇到"不顺耳"的，他会强忍着听完。员工可能是能力出问题，也可能方向出问题，但是不能当着这么多人的面让他滚蛋，从员工的角度来说很恐惧。

在美国读书期间，梁建章自费拍摄了一部介绍中国人口问题的纪录片，开始呼吁大众关注人口政策。

拍摄纪录片时，梁建章认识了北京大学社会学系教授李建新。虽然专业领域不同，梁建章偏向经济学，李建新偏向人口、社会学。处于对中国人口问题的共识和对解决人口问题的使命感，两人决定合作著书。

谈起这段经历，李建新起身走到书架前，抽出一本《中国人太多了吗？》。

他指了指书名，"这个版本先印了一稿校对，因为话题比较敏感，当时一审再审。最初的名字起的是《中国人可以多生！》，但被认为太绝对了，最后改为《中国人太多了吗？》，并打上了问号。从2010年开始，直到2012年才出版"。

梁建章将这本书定位成"第一本公开讨论人口政策，反思人口政策的专著"。

人物 PROFILE

而当2014年此书再版，书名直接改成了《中国人可以多生！》。

李建新是新疆人，性格直爽。在他眼中，梁建章是南方人的性格，似不温不火，内敛含蓄。

长江商学院教授黄明在一次讲课上提到了梁建章，他认为中国搞经济的人里面，梁建章可能会成为一个比较纯粹的经济学家。

为什么呢？"第一，他有钱，有钱不用依赖任何机构；第二，他正直，有良心；第三，他没后顾之忧，是知名的企业家。"

企业家与学者，梁建章的两种身份相互交织着。

梁建章相信知行合一。读书期间，他在顶级期刊 The Quarterly Journal of Economics 上发表了一篇名为 Does Working From Home Work? Evidence from a Chinese Experiment 的论文。该论文以携程员工为调查对象，并搜集数据完成。

梁建章曾在携程内部做了一个调查，发现生育率很低，比他之前的预期还要低。黄文政说："看到自己公司这样惊人的生育率数据，他就觉得需做点什么，于是就在携程推出一系列鼓励大家生小孩的措施。他是一个行动力非常强的人，说做就做。"

措施之一是在携程兴办亲子园，希望能够解决职工带娃难的问题。但因为各种政策限制，企业办幼儿园不是件容易的事。之后几次会面，梁建章都会向黄文政提到办幼儿园的各种困难。这个过程是一波三折，最后在上海市"办实事"的特别项目支持下，携程才算把亲子园办起来。

"记得那次到携程新的总部与建章会面，他很开心地带我下楼去看，看这里建了一个托儿所。"黄文政对此印象深刻，"托儿所很漂亮"。但没有预料到的是，仅仅几个月后，携程亲子园就因亲子园护工的不当行为而卷入一场风波。为此，黄文政还专门写了一篇文章，详述他所了解的亲子园的来龙去脉。这个事情也从侧面反映了中国社会托幼服务的困境。

1969年出生的梁建章，已经50岁了，保持996的工作节奏，日复一日。

"他的年龄比我还大，这种强度的工作我是撑不了多久的。支撑他走下去的，一定是非常非常坚硬的东西。我天天想着家里怎么过得好一点，你跟真正的英雄之间，差距就是这样子的。"庄宇翔说。

他抬起自己的手腕指了指，"喏，我戴的是这个表，他戴3000元的表。车没我的好，公司给他配什么车，他就坐什么车。吃饭叫个盒饭，干净、营养就行。你看公司里，T恤经常穿反的就是他，他也不知道，就在办公室里绕"。

当被问起为什么不断为中国人口问题发声时，梁建章皱了下眉头：

"我自己没有那么大的驱动力。这个事情不解决，非常令人烦躁。"

梁建章现在的精力大概80%放在公司业务上。美团酒旅、阿里飞猪成了携程新的对手。一位业内人士表示，面对外界美团、阿里的"狼性文化"，出生在上海的携程"有些太小资、安逸了"。

他的目光投向了亚洲乃至全球。他提出一个问题，"世界级的中国技术公司已经有了华为，携程能否做出一家世界级的中国服务公司？这是从来没有过的"。

2018携程年会上，梁建章戴着一副小圆墨镜，演唱了一曲《春天里》。当唱到"如果有一天，我老无所依"时，他和合唱的俩人嘶吼了一句：

"生孩子吧！去旅游吧！"

责任编辑/沈丽萍

王真震：大数据，新引擎

□杭商全媒体记者 李 洁/文

人物 PROFILE

2018年岁末，王真震带着华量软件完成了公司的年度大事。

11月16日，第四届中国（杭州）大数据科学家论坛——2018文旅大数据峰会在杭州举办。这场大会会聚数百位业内专家和学者，开启了文旅融合的新时代，杭州华量软件有限公司作为承办单位，担负着会议顺利进行的各项工作。

大会圆满落幕，王真震距离年度目标又迈进了一步——成为全国知名的智慧旅游大数据企业。

"人类正从IT时代走向DT时代"，这是马云在2014年的预言，也是在这一年，王真震将目光对准了大数据。他相信在数据背后隐藏着种种逻辑，并将其汇聚在一起，是潜力巨大的数字资源。

深耕4年之后，当初稚嫩的华量软件已成为行业佼佼者，王真震用会说话的大数据，打造出智慧城市的新引擎，让生活因大数据更美好。

拥抱大数据

在自我评价和外人眼中，王真震都被形容为"工作狂"。

采访前一天，在位于高新区（滨江）的公司里，"工作狂"王真震和同事们加班到凌晨1点半，一个会接着一个会，为11月16日的文旅大数据峰会紧张筹备着。

峰会上，公司事业部总监做了专题报告。"PPT要反复磨，每个细节都要抠，做到极致。"即使站在台上的不是自己，王真震依旧对细节有着严苛把控。

不同于大多数"宏观操控"的CEO，王真震专注于精细化管理，对公司发展的每个脉络了然于心，亲力亲为。如此用心的原因在于他对事业的真挚热爱。

在他眼中，大数据可以广泛应用在生活的方方面面，而智慧城市大数据应用是公司的重点研究领域，"随着城市化进程的加快，城市规模不断扩大，人口膨胀、交通拥堵、环境恶化、资源短缺等'城市病'，让越来越多的老百姓觉得，城市生活没有那么美好了，也让政府部门的管理出现诸多挑战"。在过去一年里，围绕着城市痛点，王真震做了不少事情。

在公司两纵一横的战略布局中，旅游是重点领域之一。

以湘湖为例，湘湖旅游度假区是首批国家级旅游度假区，与西湖、钱塘江构成杭州旅游风景的金三角。2017年，世界旅游联盟总部落户湘湖，湘湖国家旅游度假区紧紧抓住这一历史机遇，建设智慧景区。

这其中，华量软件协助湘湖国家旅游度假区构建基于大数据架构的智慧旅游云数据中心，对前期分阶段建设的各类业务系统进行数据整合，实现数据沉淀。此外，云数据中心还与萧山区智慧城市系统、杭州市智慧应用系统等进行对接，最终支撑各类智慧旅游服务、管理和营销等大数据创新应用，助力智慧景区建设。

"吃、住、行、游、购、娱。除了玩，游客各方面都要有好的体验。数据汇总之后，就能做游客画像，帮助景区更好升级业态。"他进一步解释，"例如，数据显示湖南游客居多，湘湖周边的业态就可以布局一些湘菜馆，迎合消费者的口味"。

另外，随着"互联网+"和"大数据"理念的发展，海洋信息化建设正在向"智慧海洋"推进。在渔业行业管理领域，公司同样做到了在业内首屈一指。

首个案例在宁波。以往渔船作业，虽然也有监控系统，但只是一个个零散的孤岛，信息难以及时传递，存在安全隐患。华量软件提供成熟的大数据资源中心产品，实现宁波渔船相关数据整合，为渔船动态监控管理、大数据分析挖掘和应急指挥救助提供高质量的数据资源。王真震用电子地图做类比。"就像开车一样，可以根据地图预知最优路线，同时充分保障安全。"

在智慧城市的建设中，交通是至关重要的一环，华量软件也早有布局。用大数据普惠民生，过去一年里，华量软件为广西的交通建设做出了贡献。

助力广西建设交通运输大数据资源管控平台，华量软件搭建了广西交通运输行业对内对外的统一基础数据平台，实现行业信息资源的部省两级汇聚融合、统一管理、协同调度和实时交换，提供共享与开放服务，对交通运输大数据进行全生命周期管理。"这样一来，为政府节省了大量人力物力，建造了更聪明的城市大脑。"王真震说。

以上这些只是公司在大数据领域创新研发的细微缩影。到现在，公司已将领先的大数据产品运用到金融、电力、环保、教育等领域，将散落的信息孤岛连接在一起，让数据会说话。

丰富的项目经验让公司一次次脱颖而出，抢占先机。西湖、湘湖景区都能找到华量软件的名字。"别人讲的是概念，而我们演示的是标准化产品。"

如今的成绩在王真震看来都是积淀。在他的规划中，将以上工具模块优化集结，华量软件将围绕不同行业，打造专业云平台，最终实现云到端的互动。旅游行业是公司首个深耕领域。

当大数据遇上诗和远方。2019年，公司将推出文旅行业云平台，以数据资产管控思维，基于自主研发的标准化大数据产品，加上丰富的应用性软件，打造新型全域旅游大数据引擎。

"景区可以在这朵云里引用大数据标准化工具，实现科学管理。"他以迪士尼的APP为例，在其中可以看到每个游乐设施排队情况，从而分流游客，带来更舒适的游玩体验。"可以把浙江看成是一个大花园，现在很多人都是自由行，但景区数据不对称，假日可能一等就是几个小时。我们想要改变这样的状态。"

王真震通过全域旅游数据资源分类管理，从7个维度28个行业、细分1000+个标签描述游客属性和兴趣，为游客推荐个性化的旅游产品。

用新一代科技让生活更美好，赋予抽象的数据更多价值。他说，"大数据最终将为老百姓服务"。

行稳以致远

过去一年，王真震印象深刻的电影是《大创业家》，影片讲述了在20世纪50年代，奶昔搅拌机推销员雷·克罗克遇到了经营汉堡快餐的麦当劳兄弟后嗅到商机，最终将麦当劳打造成全球性快餐王国的故事。

王真震从中找到共鸣，深受启发。"创新一定会受到质疑，面对质疑，坚持至关重要，要在危机中寻找机会。"他说的是创业之初顾客不接受麦当劳的经营模式，他说的也是2015年开拓大数据业务时自己遇到的困局。

当时，伙伴的离开、客户的冷眼……质疑从四面八方涌来，他背负着资金与业务的巨大压力，将这项自主创新坚持了下来。时至今日，华量已成长为国内领先的大数据企业，成为王真震引以为傲的事业。

大数据未来会怎样改变人们的生活？对于这个问题，王真震的答案是：让人类更加了解自己。

人物 PROFILE

■公司办公场景　　记者 李 靖摄

"原本自我认知是通过人脑，未来可以通过机器大脑。比如对网页无意识的停留，吃住的习惯、开车的习惯、购物支付的习惯，这些数据通过模型，可以还原一个更精准的你。"

对于大数据，王真震是痴迷的，他为公司建立了"数据仓库"。管理企业是一件驳杂浩瀚的工作，他相信数据不会说谎。

在华量软件，所有的公司运作都让日常行为转换为数字化，都基于自主研发的大数据运营管理系统，业务流程审批、项目管理、客户维护、研发管理、绩效管理等情况，都在系统中汇总，成为王真震考核员工的重要指标。以数据驱动业务，用数据说话。他奉行OKR工作法，相信数字带来的精准度，让公司的Objective（目标）更加清晰，从而分析出最佳的Key Results（关键成果）。

对于自己，王真震有一个习惯——写随笔。那是一部剖析自我的成长记，洋洋洒洒十几万字都存在手机备忘录里，成为他生命中极具价值的一组数据字典。

不久前他写道：面对内外诸多问题的困扰，创业者可谓是在夹缝里求生存，在逆境中成长。我一直告诫自己，越急越要静，应心如止水，宁静致远。

但循序渐进并不意味着守旧。"天道酬勤，知行合一"，王真震最信奉的这两句话，让他在创业路上行稳致远，以勤勉赢得市场和人心，也让创新成为企业的最强基因。

他用心搭建团队。目前公司70%以上是研发及技术人员，20%有海外工作或留学背景。很多时候，他需要去"挖"人才。面对比自己年长且更具经验的专家们，王真震以真诚打动人心。"第一是尊重，第二是专业，第三是空间。"他要把舞台施展才华的机会更多留给员工，不让他们有任何束缚感。自己则高调做事，低调做人。

对投资人，稳健始终是他的第一考量。他不会用乐观的估值和动人的故事为事业加码，保守的本质让他在资本上处于"劣势"。"资本喜欢故事，但我讲不出来。"从小的教育告诉他，要走稳一点，才能走远一点。"沉下心来，脚踏实地去做一些事情。如果大家都用资本去吹气球，那气球破裂的可能性很大。"

与之相恰的是他"劳动模范"的身份。加班是常态，他试过3天在4个城市间飞行，白天从容地交流汇报，晚上应对一轮轮觥筹交错。他时刻保持学习的状态，在上班路上听樊登读书、喜马拉雅，周末经常上课充电。

遇到负能量，他保持乐观心态，正面剖析，理性分析，解决病症。"比如医患矛盾，很多时候是信息化平台没有建立起来，造成资源浪费，重复就医。随着智慧城市的发展，信息化的对称会化解很多社会矛盾。"

谈起创业以来的得与失，他觉得，懂得做减法也是一种收获。早些年做过教育行业，随着公司业务的不断扩大，他关闭了运营不错的项目，"副业会为我带来可观的收益，但也会影响到主业团队的士气"。他从All in回到IT的领域里，孤注一掷。

因为专注，他收获了更多掌声。2018年9月，德国石荷州州长丹尼尔·君特率领的石荷州代表团一行来到公司考察，华量软件在智慧城市建设中发挥的积极作用获得德国州长点赞。在创新技术的背后，公司的务实与严谨让德国代表团看到了异曲同工的工匠精神。

每年6月9日公司生日，王真震都会在员工中征集歌曲，刻录一张音乐CD，他以此温暖人心，振奋人心。到现在，这样的CD王真震已经珍藏了7张，今年的这张他体会最深。

"我推荐的歌曲是《让我们荡起双桨》，代表了儿时最纯真的年华。看这些歌名：《笔记》《送别》《再见青春》《同舟之情》……从青春期到成熟期，就像人生的纪念册。"他为这本纪念册挑选的封面是一匹目光炯炯有神的头狼，对于这一点，他解释说，团队创业，要有锲而不舍的狼性。

创业的旅程，就像一列开往远方的列车，期间遇到挫折荆棘，难免有上上下下的过客。王真震坦然地接受分离和改变。这些年，他给自己打了8.5分，留一点空间，好让日子更加丰盈。

对王真震来说，最好的时光总在下一程。

记者手记：

记者第一次见到王真震是两年之前的事。

当时，他刚将公司搬到滨江不久，成立了华量软件，一心扎到了大数据产业中。两年时间，从"粗放"到"聚焦"，他在摸索中不断成长，将赛道对准旅游产业，做成了行业翘楚。

刚刚走到而立之年，"超出年龄的沉稳"是大多数人对的他评价。采访时，他擅长控制自己的情绪起伏，回答问题时平和谦耐，似乎外界的波涛险阻到了他那里都是波澜不惊。

他深知，成功是循序渐进的过程，没有捷径，没有一夜成名。回顾他的创业之路，每一步都以积淀为前提，"稳重"深植在他的基因中。

他渴望成为卓越的CEO，他对成功的定义不是金钱，而是为社会带来的价值；他渴望打造民族自主研发的软件品牌，用智慧点亮城市梦想，用数据缔造美好生活。

创新与稳健是他实现梦想的两把钥匙。未来的路，他必将以梦为马，走得不疾不徐。

责任编辑/楼燕红

人物 PROFILE

叶祥明：生命的宽度

□杭商全媒体记者　李　洁　姬晨曦/文　徐青青/摄

专家名片

　　浙江省人民医院康复医学科主任，浙江省康复中心主任、教授、主任医师、硕士生导师，杭州医学院康复研究所所长，浙江省康复医学会突出贡献奖获得者，中国康复医学最美医师获得者，浙江省人民医院2016年度"感动浙人医"人物。

　　学会兼职：浙江省康复医学会常务副会长兼秘书长（法人代表），中国康复医学会常务理事，浙江省医师协会康复医师分会副会长，浙江省康复医学会治疗专业委员会主任委员、浙江省康复医学会ICF专业委员会主任委员，浙江省康复医学质量控制中心常务主任，浙江省康复治疗人员培训基地常务主任，浙江省神经康复双重点学科带头人。

　　主要研究成果：主持及参与国家级课题4项，申报并主持国家"十三五"重大研发项目子课题1项，浙江省自然科学基金1项，厅级课题多项，发表学术论文60余篇，其中SCI论文5篇，主编专著四部，主审三部，副主编五部，获浙江省医药卫生科技奖两项。

　　开始正式采访前，叶祥明正在病区查房。

　　身边围满了穿白大褂的年轻医生，小小的病房里，快要站不下脚了。叶祥明面对的是一个从七楼跳楼轻生的患者，庆幸的是，他身体上并没有太大的损伤。而相对于外伤，此时对患者心理上的疏导显得更加重要。"生命好像河流，不应该因为一时的冲动就停止了

奔腾不息。"叶祥明说。

这是康复科病房里的短暂一幕。关于浙江省人民医院康复中心，有许多故事可以说。

一些故事

从医27年，办公室里，致谢的锦旗早已放不下了。

最显眼的位置，叶祥明挂着2018年收到的一块牌匾，来自四川广元。"地震帮扶结真情，康复联盟谱新篇。"这是汶川地震十周年，为了表达对于省人民医院康复中心参与震后救助的感激之情，当地医院送来的一份心意。

时间退后十年。5·12汶川地震发生后，叶祥明主动请缨，带领一支医疗队前往灾区进行救援。余震不断、废墟遍地、伤亡人数持续增加，无数条生命进入了倒计时。

叶祥明的救护队在后方，精神一刻不敢松懈。看得见的伤痕容易救治，看不见的伤痛最难愈合。叶祥明团队要做的正是最难的这件事——帮助伤者进行脊柱损伤的康复治疗，神经系统修复，截肢后期矫正训练，同时还进行了一系列积极的心理疏导，让他们走出内心的阴霾，活得更有尊严。

吃的是盒饭，住的是帐篷，苍蝇满天飞，时不时还有大大小小的余震发生，在这样艰苦的条件下，叶祥明团队每天要为几十个患者做治疗。

他们在灾区待了两个月。走的那天，乡亲们带着山里采的菌菇、自家养的土鸡蛋、自己地里的青菜，前来送别。朴实的表达往往最能直击人心。互道感谢与珍重，礼物叶祥明还是没有收下。

灾后第二年，叶祥明到当地回访。入川后，叶祥明坐了5个多小时的汽车，辗转到汶川，探望了当时救助过的孩子们，询问他们的康复状况。之后，叶祥明对当地的医疗部门进行业务培训，帮助他们提高水平，更好地为患者服务。

叶祥明在灾区救治了众多患者，其中有一个小女孩叫杨琳。杨琳是地震中的小英雄，她救出了两名同学，自己却不幸被余震中的石头砸中，骨盆、下巴、颅骨、双脚等多处受伤。叶祥明为其进行了精心的康复治疗，杨琳对于康复科的感情或许从那时就已埋下。

高考时，杨琳报考了护理专业，实习时到了浙江省人民医院，凭借努力，拿到了医院2015年应届毕业生的第一张录用通知书。她选择了康复科。像她曾经受到的救助一样，去帮助更多的人重获健康。

缘分还在继续。后来，杨琳与康复科治疗师小邓喜结连理。婚礼上，叶祥明为这对新人送上一份特殊的礼物——一台风扇和一把雨伞，寓意"风调雨顺"。康复科的情谊让杨琳的人生结出美好。

2011年7月23日，温州动车事故发生。叶祥明和团队快速赶赴现场。当上级的调令下来，点名要叶祥明带队救援时，他们的身影早已出现在救援现场。

让叶祥明印象深刻的是最后被救出的"奇迹女孩"小伊伊。在压抑、紧张、沉重的事故现场，小伊伊的获救给人们带去安慰。小伊伊是在火车相撞后20多个小时后被发现的，左腿受伤严重，已经发生肌肉坏死。她还是两岁的孩子，生命才刚刚开始。叶祥明尽了最大努力，最终为她保住了这条腿。小伊伊在事故中失去了双亲，由她的叔叔抚养。现在，小伊伊尽管动作不如其他孩子灵活和稳当，但是能走、能跑、能跳，开朗活泼。

在重大事故面前，叶祥明从不后退，日常工作中对待患者他也尽心竭力。有位患者，因为车祸高位截瘫，胸部以下完全丧失知觉。叶祥明为其制订了细致的康复计划，从身体到心理，帮助他早日恢复日常生活能力，重拾回归社会的信心。在康复治疗的基础上，这位患者凭借自身强大的意志力，坐轮椅上下台阶，学会了开车，戴着矫形器甚至还去爬山。后来他自己开了公司，为德国一个品牌代理医疗器械。

这样的故事很励志，但这样的例子在康复中心从来不是少数。如果手术是为患者增加生命的长度，那么康复治疗则让患者之后的生活更有质量，为其创造美好生活的可能性。

"康复治疗是为患者增加生命的宽度。"叶祥明说。

一些初心

大学毕业之后，叶祥明就来到了浙江省人民医院康复科，这一待就是27年。"在人民医院，我是一待到底的人。"叶祥明说。

从2008年到2014年，每年的除夕和年初一他都在康复中心值班。

除夕夜的晚上，万家灯火，阖家团圆。而叶祥明却伏在医院办公室的案头，一笔一画地为还在住院的患者写下祝福：新年快乐，早日康复！然后亲手把贺卡递到患者手中，随贺卡一起送达的，还有一枝红色的玫瑰花。年关岁末，一切都是新的开始，康复的希望正像那朵玫瑰花，散发着迷人的色彩。

对于康复医学，许多人可能只知其一不知其二。叶祥明说，康复医学有三个概念：第一是从广义的社会层面而言，康复就是综合利用各种措施，包括医学、科技、工程等方面，针对的人群是病伤残功能障碍症，提高其机体功能，恢复其日常生活能力。第二是医学康复，就是专门利用医学的手段，使其身体恢复到正常状态，比如一个人驼背畸形，借助手术进行矫正，这就属于医疗康复。第三是利用专门的康复技术手段，包括声光电热磁力学，针对有身体功能障碍的患者，最终使其身体尽可能恢复正常的功能。对于康复中心而言，康复既是手段也是目的，都是为了让患者活得更有品质。

在浙江省人民医院这些年，叶祥明工作的同时，还不忘做科研、带团队、写书，也从来不停止学习。对他而言，工作就是学习，学习也是工作。不忘初心，在学思践行中不断向前。带领康复科不断迈向更高的台阶。

在康复领域，浙江省人民医院康复中心是浙江省唯一的国家级的常务理事单位，也是浙江省唯一的全国康复治疗专业委员会的副主任单位。学科建制齐全，除了重点发展的神经康复领域，心脏康复、肺功能康复、产后康复、儿童康复、老年病、肿瘤这些领域都有涉及。

作为全国闻名、省内首屈一指的康复中心。到目前为止，康复科分布在两个院区的人员共计202人，有38个医生，57个治疗师，107个护士。这其中有10个博士，53个硕士，有3人是正高级职称，14个副高级。是浙江唯一的神经康复学重点学科。

他鼓励科室的同事积极申报课题，做医学科学研究，有时候甚至是硬性要求多于鼓励，必须要申报课题。虽然严格，却形成了康复中心的科研之风。

用科学的观念指导实践，在实践中验证和深化理论，正如在叶祥明的办公室里，他对着一本书的封面标题，一字一字指给记者看的那样：不忘初心，牢记使命——在学思践悟中永久奋斗。

在康复中心，与身体机能的恢复相比，心理治疗尤为重要。叶祥明称，多数来康复治疗的患者心理上都会经历五个阶段：迷茫、空白、自我怀疑、忧郁焦虑、自我接受。忧郁焦虑阶段通常很危险，患者会产生自杀的念头。"我们要了解他到了哪个阶段，我们医生要密切贯彻初步筛选，用量表进行SAS评估。"针对不同阶段，要进行不同的心理疏导，康复科远远不像传统认识中的那么简单，这是一个系统的科学、一门综合的科学。

人物 PROFILE

◆ "康复治疗是为患者增加生命的宽度。"叶祥明说

科学不断进步，科技发明在各行各业的应用也越来越普遍。对于康复科技而言，叶祥明用了ABCDEF来概括，涉及人工智能、云端大数据、物联网等诸多方面。对于科技的孜孜追求，是叶祥明带领团队，逐渐攀登国内康复领域金字塔顶端的重要推力。

一些日常

"有些人度日如年，但是对我来说，度周如日，度月如周，度年如月。时间过得太快。"这是属于叶祥明的相对时间观。

大多数时候，叶祥明早上会提前40分钟上班。7点20分到科室，及时处理邮件，查阅关于患者的身体量表，对于患者当日的治疗做到心中有数。8点钟准时与同事交接班，布置科室的具体工作，然后进行查房。下午，叶祥明要处理一些外围的事务性工作，参加会议，分分钟都安排得满满的。

上周五的下午，叶祥明参加完医院的党员学习活动。6点钟火速赶赴车站前往台州。

几乎是与发车时间同步上车，争分夺秒。晚上8点50到了台州，9点半进行会议，一直持续到11点。第二天上午开完讲座是11点10分，叶祥明继续马不停蹄赶往温州，参加下午1点半的会议，进行开幕式讲话。不多一分，他1点半准时到达会场，轮番发言，会议结束。他的火车是3点零4分返杭，因为要赶回医院参加下午5点钟的会议。

跨越三地，五场活动，超过700公里的行程，不足24小时的时间，叶祥明做到了，并且都进行得顺利圆满。就像他说的，时间过得太快，而且塞得太满。鲁迅说，时间就像海绵里的水，挤一挤总会有的。

之前，杭州某国际医疗中心想高薪聘请叶祥明，叶祥明没有去。为什么？他用马斯洛需求层次理论进行了回答。

第一层生理需求、第二层安全需求自不必多言。叶祥明看重的，是情感与归属的需求，是尊重的需求，更是自我实现的需求。康复中心是一个温暖友爱的大家庭，他告诉刚刚进来的成员，"只要你一进来，你就位于马斯洛需求理论的第三层了。而更高的两层，需要个人去奋斗，去努力拼搏来获取"。

对于成功，叶祥明有四点看法：首先是天赋，天赋决定了你擅长做什么，你可以在哪方面有所建树。其次是激情，"激情是很重要的。人生漫漫，激情可以让人充满活力，不管是对于事业，还是生活，都需要保持激情"。叶祥明谈及这些，声音里充满了力量。再次，是机遇。而许多机遇，个人都要积极去争取和把握。机遇是留给有准备的人的。最后但却最重要的一点是努力。努力可以改变先天不足，努力可以创造机遇。

关于努力，叶祥明一直在他的生命历程中忠实践行。

每天，他都要花半个小时看专业书。那本置于案头，出版于1993年的《康复医学》新世界课程教材，白色的封面已经发灰，书脊破损，露出黄褐色的胶印。翻开书本，里面用红笔做的标注密密麻麻。同是红色标注，颜色却有不同，有的深一些，有的鲜一些，可以看出是出自不同时间。这本书他已经不知道看过多少遍。记者报出一个页码，他便能流利说出其中内容，分毫不差。"这一页讲的是康复治疗的具体手段，小标题包括矫形器和辅助器具，对照顾者的训练，言语治疗，中国传统医学的应用。这应该是168页讲的主要梗概。"

专业书之外，叶祥明每天还要看政治经济方面的书籍，党员的责任、义务、使命深深烙印在他的心中，学习强国。出差途中的碎片化时间，叶祥明常看的书籍有散文，甚至言情小说。他的看书风格与同事眼中的他如出一辙，严肃、幽默、温暖。

除了看书，叶祥明写书、出书，内容主要以康复知识为主，保持着一年一本的产出。

谈及未来，叶祥明对即将成立的浙江省康复中心充满了憧憬。"已经立项通过，投资10亿元，三栋病房大楼，一栋治疗区。治疗区5000个病房，相当于目前的8倍，一床难求的情况将大大改善，未来更多的患者会早日拥有有品质的生活。"叶祥明告诉记者。

叶祥明的办公室里，有一株"巨长"的绿萝。顺着支架爬了办公室的层高，又沿着天花板的吊绳爬了办公室的室宽，然后沿着办公室的另一侧延伸到了地面花盆里，像一个"门"字，又像一个真的绿色之门，为康复科的病人送去希望，为更多人延展生命的宽度。

责任编辑/楼燕红

桑张耿：
生活是一席流动的盛宴

□杭商全媒体记者　周　珂/文　徐青青/摄

"这一次，我们来聊聊生活。"

桑张耿为杭商记者泡了一杯红茶，他说，"英国红茶世界闻名，但英国本身不产茶，多有意思"。这种更接近辩证法的逻辑，真诚而简练，总让人想要探访，这个人的精神世界是怎样构成的，他的人生拥有着如何的经历、如何的变化、如何的成长。

生活由细节构成。那么，不妨先来看看他的一方书桌。

书桌正中间一台用于浏览新闻时事与公司情况的电脑，四周堆叠起一幢幢乱而有序的小型书楼，手旁一个紫砂壶茶杯，略显得有些拥挤，桑张耿就这样稳坐正中央。茶盘里升起的氤氲水雾坠上他的眼镜，他不慌不忙地起身，往茶杯里注水，注到9分满停下。

不同于倒茶，桑张耿饮茶是略有些急切的，像出征前的将军，将碗中酒仰头干尽，颇有丝力拔山兮气盖世的慨然，偏又不着痕迹，倒是在有意无意间勾勒出了沃尔特·艾萨克森所写的《史蒂夫·乔布斯传》的主题：一个具有强烈个性的人，身上集合了人文和科学天赋后所能产生的创造力。

/出 发/

人们对"起点"，理解各异。

余秋雨说，"不识字的人尊重文字，就像我们崇拜从未谋面的神明，是为世间之礼，天地之敬。这是我的起点。"司汤达认为，"入世之初，就应该立即抓住第一次的战斗机会。"赫尔岑表示，"尊重真理吧，这才是大智的起点。"

所有起点背后，都有一种寄托，将梦想起航。桑张耿的起点，是理想主义在闪光，"萧山义蓬的供销社书店只得十几平方米，所有的书籍都放在架子上，只有购买时店员才会拿下来。书本里有贫瘠土地之外的缤纷世界。"

书籍为起点，笔墨为杖，自在行走。

扉页上写题签，页边处满注记，这便是桑张耿读过的书的模样。"起点"各异，每个人"出发"的光景也大不相同。

1963年春节，桑张耿用自己1块4毛的压岁钱，在供销社书店里买下了第一本书：杨沫的长篇小说《青春之歌》。其通过女主人公的成长故事，构筑了革命历史的经典叙事，也揭示出知识分子成长道路的历史必然性。但在当时，桑张耿还不太看得懂，只是本能地被书所吸引。

书里面有广阔天地，书里面可大有作为。

于他而言，读书是奢侈的，奢侈的事情更值得好好珍惜。在刚买完属于自己的第一本书之后，桑张耿因家贫而辍学。不过方法总比困难多，不能去学校，那便就着煤油灯看书吧。初始，他看连环画更多些，《小兵张嘎》《鸡毛信》《太平天国》等连环画的书页都被他翻得打卷。慢慢地，桑张耿形成了自己对世界的最初判断。

读《水浒传》，他被108个好汉除恶扶弱的正义精神、兄弟情深的义气深深打动；品《三国演义》，"天下大势，合久必分，分久必合"的历史发展规律在魏蜀吴三国征伐里显现，他在层层推进里陶醉。

《三国演义》为桑张耿带来了第一个偶像——关羽，"总共60本的《三国演义》连环画，仁义礼智信这些中国传统文化价值体系里的核心因素全都有。关羽就是'义'的代表，忠勇神武、义气千秋"。冥冥中，"忠义"作为中华民族的精神之脊，渗透到了桑张耿的管理理念之中。

一卷又一卷在煤油灯下所看的诗书，让桑张耿积累了一笔宝贵的精神财富，懂得了为人

人物 PROFILE

处世的准则。可在酱菜厂修补酱菜缸，怎么能将所得尽数发挥。于是，他在书籍中宁静，又在书籍里苦闷，还在书籍里急躁。兜兜转转，也只有书籍能让他心安。

1976年，"文革"结束，为桎梏已久的土地解开镣铐。次年，高考制度的恢复，如同打开了一扇大门，将光线照进黑屋，点燃了无数尚有抱负之人眼中的希望。桑张耿也在其列。

遗憾的是，书没有将他送进大学的校门，但也幸运，他有了更多可读的书。若说14岁时的辍学是无奈之举，高考失利却是他的进取之动，他不再被现实所束缚。

/ 突 围 /

吹灭读书灯，一身都是月。桑张耿看到了以人们始料未及的速度发生变化的市场，他看到了——机遇。

其实，于酱菜厂的后半场，桑张耿已由补缸师傅转为销售，他天南地北地跑，最常去的地方是上海。

当时，改革开放的成效初露端倪，长期受小农思想禁锢的人们，面对刚刚开放的市场，许多人跃跃欲试又不敢做第一个"吃螃蟹"的人。在这场蜕变中，一贯前卫的上海率先抓住机会。

"每次生意谈完，我都会去当地的书店逛一圈。后来，我发现当时的上海已经有不少人做镀锌板、彩钢板的生意了。"诚如辩证法的逻辑，在不少传统产业市场萎缩时，新企业便如雨后春笋般冒出来。

在工业快速发展之际，镀锌板、彩钢板成了工业城市不可缺少的角色，时常供不应求。可回到萧山，桑张耿发现了两地差异：在萧山，从事这一行业的，只有一两家小企业。

这似乎是个机会。

还是通过书籍，桑张耿进一步了解到镀锌板以及彩钢板的发展前途。彩钢板的可用范围实在太广了，工厂、民居、大型公共建筑可用，门窗、室内装修可用。而且彩钢板的废料还可以回收，不会成为建筑垃圾。

好处那么多，但当时桑张耿的可选择余地更多。

1993年，供销社酱菜厂完成了转制。桑张耿与该企业原先的厂长一起成了这家酱菜厂的主人。这时，桑张耿选择放弃这个稳定的事业。

他偶尔会向自己提问，在中年已然富足的生活之下，毅然地跳入并不熟悉的行业，重新开拓新的领域，为何？机遇与挑战并行，勇敢者放手一搏。

1995年，世界贸易组织成立、Java计算机编程语言诞生、我国开始实行双休日，有数不清的大事在这一年上演。他看到了时代展现的变化。

一年时间能做什么？这可以有很多具象的事件，也可能有一些内在的提升。一年时间，够让一个人武装好自己的身体与头脑，欣然前进；一年时间，也足够打垮一个不思想不学习的成年人，举步维艰。而属于舜达的第一年，颇有些大江大河波澜壮阔的意味。

1995年，桑张耿用东拼西凑的50万元租了一间40多平方米的小店，采购原料，雇了几个帮工，开始销售镀锌板。这场赌局，桑张耿押上了全部身家。

那时，公司里几乎所有的人都在跑销路，做没人做的冷门产品，以诚信为本，做价格优势。1995年一年，舜达将杭州市场的生意都拉了过来，做到了买涂镀产品，到萧山最近，萧山最便宜的格局。

创业的第一年，舜达做完了杭州市场，便着手外拓市场。"我们在行业里，在全国讲起来有了一席之地，拥有了一定的美誉度"。之后几年，凭着先发优势，再加之20世纪90年代沿海地区基建行业的蓬勃发展，给建材行业带来前所未有的机遇，舜达沐浴此春风快速成长，旗开得胜当如是。

培 育

孟子有言：权，然后知轻重；度，然后知长短。桑张耿看孟子，尤爱深入探索他的哲学思想。桑张耿学习到，一切事物发展和变化有其自己的一定进程，套入千玺年前后的舜达之上，桑张耿看到的便是这样一幅场景：随着生意的风生水起，白铁皮作坊雨后春笋般纷纷蹿出，造成产能过剩、竞相压价，市场逐渐饱和。

不可否认，中国人经商容易短视。在看到成功的曙光前，一个个畏首畏尾，不敢贸然行动；一旦看到别人取得成功，又容易盲目跟风。但桑张耿不，他对自己做的这一行有着超出赚钱以外的感情，这是他的衣泽同袍，他的骄傲与荣光，他有着极其深度的考量，"若要采取行动，一定要快刀斩乱麻"。

当初转行时，桑张耿就想要改变"不够进取""动也不动"的现状。于是，在许多厂家愁眉以对，不得不打价格战时，桑张耿先人一步，转向彩涂钢板、彩钢压型板等钢结构原材料的生产和销售。

不止于此。随后，他部署了下一轮战略，和宝钢、杭钢、万达合作，购买优质钢材和进口钢板，使用行业龙头企业的出口涂料，建厂房、买机器，走高端路线。

彼时，"蓝海市场"的概念尚未流传开来，也没有人用商学院教材中的"先发优势"指导他。教他的是一本又一本的人物传记，桑张耿总会分析人物的成败原因，从人物的一次又一次选择中把握其命运脉搏。思考，不断地思考，再至恍然大悟，"久而久之，我看人看事就会很准"。

桑张耿常常能够抢得先机，与此有关。

迈入21世纪后，市场出现了新一轮的波动。到了信息时代，技术力量不断推动人类创造新的世界。互联网，正以改变一切的力量，在全球范围内掀起了一场影响人类所有层面的深刻改革。

互联网时代与工业时代显著的不同点还在于，在互联网时代，不必占有大量资金，哪里有机会，资本就很快会在哪里重新组合，速度会转换为市场份额、利润率和经验。思科的CEO钱伯斯为此提出了"快鱼吃慢鱼"的理论："在互联网经济下，大公司不一定打败小公司，但是快的一定会打败慢的。"当然，这条快鱼追求的"快"，不仅是发现机会要快，更要下手果断。

这时候，基础建设的再度加速，促使钢结构产业走向高速发展。2005年，随着中国钢结构产业基地落户萧山，舜达伟业迎来更大的市场，凭借高品质的产品，舜达伟业很快声名鹊起，成为浙江省最大的彩涂板和热镀锌板加工生产基地之一。

2007年底，舜达伟业年销售镀锌板材10万吨，生产彩涂板5万吨，成为浙江

书籍为起点，笔墨为杖，自在行走。

扉页上写题签，页边处满注记，这便是桑张耿读过的书的模样。"起点"各异，每个人"出发"的光景也大不相同。

人物 PROFILE

省内首屈一指的大型彩涂板生产企业。桑张耿白手起家，时至今日，他早已不爱炫耀舜达伟业拥有着何等风光辉煌，而是淡漠了其间的艰辛坎坷，只说，战战兢兢，如临深渊，如履薄冰。

桑张耿对《诗经》里的这句话分为不同标准的理解："处在自己工作的位置上，作风一定要兢兢业业；做生意总得有警戒心，每一步都仔仔细细。"每一个人都经历着不为人知的战争，结局几何早在过程里埋下伏笔，只等时机到来，在谈笑风生间，道一句，曾经沧海。

/ 安 宁 /

2008年对于很多人来说，是刻骨铭心的一年。若按大事记，波及最广的便是美国次贷危机引发的全球性金融风暴，环环相扣中，将每个人的命运轨迹改变。

大背景下，传统制造业陷入资金紧张、市场需求萎靡的困境。许多企业家看着惨淡的业绩和不断倒闭的店铺，只能连连叹气。舜达未能幸免，短短三四个月内，企业便亏损了五六百万。

作为公司的主心骨，桑张耿清楚，他必须要扛过这次风暴。那时他怀着怎样的心情来回奔波已无从考证，只得无奈说一句，"亏了就亏了，大不了少赚点钱，如果心态好，就有机会东山再起"。爱看鲁迅的他并不是想做"阿Q"，追寻"精神上的胜利"，他只是经历得多了，懂得看轻成败，韬光养晦，"既然走到了这一步，闯也要闯过去"。

怎么闯呢？经商必学胡雪岩，当官应读曾国藩。他还记得胡雪岩让他茅塞顿开的话：眼光要看得远，你看到一城的生意就做一城，看到一个国家就能做一个国家的生意，看到一个世界就能做一个世界的生意。

在困境中，桑张耿没有让思维慢下来，而是将目光转向中西部，以出人意料的方式用兵，"舜达不能停留在单一市场上不思进取，而必须不断拓宽其他市场领域。这首先要考虑自身实力的问题，比如说生产能力、成本控制、周转资金等。我们经过周密分析认为，当时的舜达已经具备这个条件"。2009年下半年，位于安徽巢湖经济开发区内的舜达伟业新型建材项目建设正式启动。该项目主要加工生产轧硬卷、镀锌卷、彩钢卷及轻型钢房制造及安装，总投资10亿元，占地面积200亩，由舜达伟业公司独立投资。

让同行大为折服的是，项目投产之际，恰好是在经济形势回暖之时。该项目建成投产后，实现了年销售收入约30亿元，并将以产品统一、市场互补的形式打通南北市场，从而挖掘出舜达伟业的最大潜力。经过这场暴风雨的洗礼，舜达伟业迈着更矫健的步伐走向未来。

其实，对于公司的抗风险能力，他一向抓得很牢。桑张耿说，"我不是一个冒险者。我做事有两个很重要的原则，一是专心致志做本行，不会为了追求利益向地

功成名就，语速缓而不重，桑张耿将对阵杀敌和自我反省蕴藉成了一个坚硬的剪影，一眼看穿的唯有深壑法令与眉角皱纹。在暴风眼中，他看着薄云与星斗，不得不学会将杂乱心态消散。

产等行业跨行；再者是低负债，只有必要时才会向银行申请适量贷款"。

不贪婪也不冒进，看来，桑张耿已经抓住了"稳"的精髓。在做生意这件事上，他给人的感觉是绷着一根神经，戒骄戒躁，时刻提醒自己松弛之度。

功成名就，语速缓而不重，桑张耿将对阵杀敌和自我反省蕴藉成了一个坚硬的剪影，一眼看穿的唯有深壑法令与眉角皱纹。在暴风眼中，他看着薄云与星斗，不得不学会将杂乱心态消散。

一段峥嵘岁月的洗礼，桑张耿得到最多的是安宁，是自我约束后的返璞归真。

/ 教 育 /

德国哲学家雅斯贝尔斯在《什么是教育》一书中说过这样一句话：教育就是一棵树摇动另一棵树，一朵云推动另一朵云，一个灵魂唤醒另一个灵魂。树很少挪位，云时常飘动，教育就是这样，在所有的情况下，有不同的样子。这一点，在桑张耿家中就是如此。

"所谓家庭责任，就是把子女培养好，让子女能够拥有自己发挥的场地，而不是我给家庭留下多少钱，这可能还会害了他们。"为此，桑张耿空闲时期总会品读林则徐的诗：子孙若如我，留钱做什么？贤而多财，财损其志；子孙不如我，留钱做什么？愚而多财，益增其过。培养孩子们的精神品质是他认为的关键。他对子女有要求，到社会上去：第一，诚实为人；第二，不做小人。心中坦荡荡才是立世之本。如若做不到这两点，便白来世上走一遭。

儿子年轻时便跟着他征战沙场，"严格来说他算不上从我手里接了一个大资产，这里面也有很大部分是他自己的付出"。儿子守住且厚实了事业，杭商记者让桑张耿给孩子打分，桑张耿心下是相当满意的："年纪不小了，本事也不少了。"

女儿则在无影灯下披荆斩棘，孙子孙女也早已降生，欢聚一堂共享天伦。孙女并不娇贵，由于学习中医药研究，暑假的时候，一天到晚都去山里找草药。桑张耿同孙女开玩笑，"大学"的萧山方言为"洗澡"，本该是闲散舒适的大学，怎么到了孙女这儿反而更辛苦。从这个小细节不难看出，桑张耿家的家教，不以宽松环境而懈怠，不因优渥家境而散逸。如今，孙女已毕业，在一家医药公司工作。

上一辈人对下一辈人的教育就像是一盏灯，指引他们方向。而一个人，必须要有值得等待值得寻找的爱好。作为爷爷的身份，桑张耿掰着手指跟杭商记者报孙子的培训班：围棋、象棋、吉他、美术、书法、击剑、跆拳道……数完一只手，再数第二只，"以后是个全能冠军。"其实比起学了那么多特长，桑张耿最开心的是，孙子找到了自己的爱好：美术。虽然才学习3年时间，但他清晰地感受到了孩子的进步。

桑张耿拿出自己的手机翻起了照片，一幅又一幅，有湘湖人家，有回澜桥，有夏日莲。孙子跟他说，"这是我喜欢的，我就是喜欢素描"。显然，孩子的爱好与追求被爷爷小心珍藏，还给了客观评价，"他画画得不错，写就写得不够好"。

谈及继承家业，桑张耿也是出人意料的，他并不硬性性要求孙子接班家业，反而同情他们"压力太大"："如果孙子不想接班，我也不会强迫他，不想接反而好。他可能有更高的境界，也是个解脱。"换一个思路，换一个行业，这都是好的，"撇开父辈的影响去尝试，如果做得比我们好，说到底还是我们的荣耀"。他对于教育，始终只有一个要求：我们要的是一代更比一代好，长江后浪推前浪。

人物 PROFILE

/路 友/

前段时间,桑张耿去美国转了转,走过了纽约、费城、华盛顿、盐湖城与拉斯维加斯,他笑称,"走马观花累得很,但也总算可以说是到过美国了"。

出行是通往内心世界的朝圣之路。未知的事物一一铺陈,于是人们在他人的生命中,触摸着自己的脉络。桑张耿去过很多地方了,他总会在去之前看看那里的地方志,"每次出发前,我都会从书架上拿一本当地的地方志,了解这个地方的自然环境、风土人情。既可游赏风光,谈生意时也能和人家侃上几句,还能很好地拉近双方距离。"

每个国家有每个国家的气质,不同国家有不同国家的习惯。他说,美国历史不长,发展很快,就是吃得略显单调。在提到欧洲时,教堂着实让他印象深刻,"这已经是他们生活中的一个重要部分了,那里教堂遍布城乡各地"。桑张耿还期待着在圣家族大教堂的修建完成后去好好欣赏一番。这座自1882年开始建造的教堂,装饰精美,雕像生动,"修了100多年还没修好,西班牙人对艺术是有着无与伦比的追求的!"

读万卷书,行万里路,可若要论哪个地方最让桑张耿魂牵梦萦,那还是杭州。2016年,他与妻子一道前往伦敦游玩,妻子在伦敦机场前往市区的路途中说,"英国的房屋精致得很,可我还是喜欢萧山"。一聊起萧山,话题就收不住了。

从集湖光山色于一体的湘湖和灿烂的考古文化,到城市面貌日新月异的发展,还有白鲞扣本鸡、钱塘江中鲜的美味,桑张耿说,没有比这里更好的地方了。

一景一物,皆因人而灵秀。他从南走到北,在一卷卷阅过的山水里,有一个让他谈起就想要嘴角上扬的群体:他的路友。同住一个小区的邻居们总会在晚饭之后吆喝着一起绕上小区走几圈,"10个人左右,谁没有来,都会彼此记挂"。桑张耿说,这是莫大的缘分,稳定而持久,让人心生温暖。

君子之交,其淡如水,华枝春满,天心月圆。他们一拨人很少组织其他外出活动,只伴着晚霞与微风,拣白日有趣的事与投缘的人相聊,走过一路,便留下一路欢笑。路友已然成为他生命中不可或缺的一部分,让他有了一个出口,可与同龄人无所顾忌地嬉笑与关怀。

这样的生活让桑张耿满足,但这位退而不休的企业家对自己依然有着严格的要求:活好每一天是必须做好的功课。就像此刻他书桌前摆放的部分《四库全书》,"看是看不完了,弄也不可能全部弄懂,但我有时间就要翻看,去品读其中的意味深长"。

路遥在《平凡的世界》中书:生活不能等待别人来安排,要自己去争取和奋斗;而不论结果是喜是悲,慰藉的是,你总不枉在这世界上活了一场。有了这样的认识,你就会珍重生活,而不是玩世不恭;同时,也会给人自身注入一种强大的内在力量。桑张耿信奉这样的观点,他在不惑之年给自己的人生洗牌,在向晚而生中为自己的生命注入了更为广阔的意义。

前路未远,步履不停。这也许就是他生活的写照:坚定奋进的节奏,流动美好的盛宴,释放温暖的模样,还有一路谱写传奇的馨香。

责任编辑/沈意

HANGZHOU
JINWU FANGSHUI

杭州金屋防水材料有限公司

因 为 专 业 所 以 放 心

公司创建于1995年，是一家集防水材料科研开发、生产经营、工程施工为一体的科、工、贸结合的现代化防水企业。公司是中国防水工业协会常务理事单位；拥有年产SBS、APP改性沥青防水卷材、沥青复合胎柔性防水卷材、自粘卷材2000万平方米的卷材生产线，聚氨酯防水涂料、水性防水涂料等多台生产装置。

公司2002年通过ISO9001国际质量体系认证，是浙江省首批获得防水材料生产许可证企业，并获得中国建筑业协会工程推荐产品称号；2005年获市政府授予"AAA综合信用等级"证书；"天一"牌SBS、APP改性沥青防水卷材被评为中国建筑防水材料行业知名品牌产品；弹性体（SBS）、塑性体（APP）改性沥青防水卷材被列为全国建设科技推广项目。

◎ 地址：杭州市萧山区104国道长山隧道北口　　◎ 邮编：311217　　◎ 电话：0571-82618362　　◎ 传真：0571-82617378　　◎ E-mail：hzjinwu@126.com

人物 PROFILE

王甜甜：蓝天下的向往

□杭商全媒体记者 姬晨曦/文

人物名片

王甜甜，浙江蓝天下影视传媒有限公司高级副总裁，一格传媒创始人，曾任职浙江广电集团多年，担任过导演、制片人，宣传统筹等职务，曾任《爸爸回来了》艺人统筹、《奔跑吧，兄弟》艺人总统筹。创立一格传媒后，担任《中国有嘻哈》《热血街舞团》《向往的生活》《来吧冠军》等大型项目艺人总监。

远山如黛，竹林掩映；一池青荷，露出尖尖之角；有雨，细细点点，自天而下。远离都市喧嚣，山村犹如世外桃源，宁静、安详，且纯粹。

这里是浙江蓝天下影视传媒有限公司坐落于杭州市郊桐庐县合岭村的节目拍摄基地。今天，作为浙江大学EMBA一员，蓝天下传媒高级副总裁王甜甜邀请一群校友来到这里。在体验了缤纷多彩、忘情忘我的拍摄场景生活后，校友们走进一旁的蘑菇屋，听王甜甜将蓝天下传媒的故事娓娓道来。

A不少一线平台热播的节目，至少有一个环节和蓝天下传媒有关。王甜甜说，言谈举止间，风淡云轻。

是的，蓝天下传媒的综艺版图，几乎渗透到日常生活的角角落落：《我们是真正的朋友》《十二道锋味》《奔跑吧，兄弟》《极限挑战》《向往的生活》《中国有嘻哈》《青春旅社》《中餐厅》《上新了，故宫》等热播栏目，不是由蓝天下传媒提供后期制作，就是提供艺人统筹，抑或全案营销。

不仅如此，蓝天下传媒还在积极进行产业的开发与合作，IP授权、文旅小镇、主题民宿、线下演出等。创立至今，已经构建了全生态、全方位、高度专业的内容生产体系。

王甜甜是蓝天下传媒创始人之一，分管旗下蓝色向往和一格传媒两家企业。蓝色向往主要从事影视IP价值发掘和重塑，影视衍生产业及明星衍生产业的综合性开发；一格传媒则主要从事艺人统筹工作。

在产业经营方面，王甜甜的布局科学、周密且富有创新思维。2018年，一格传媒和爱奇艺联合成立刺猬兄弟，公司把《中国新说唱》的选手都签了进来。王甜甜说，刺猬兄弟还有一个重要使命——保护中国嘻哈（hip-hop）产业，输出嘻哈文化，进行产业化运作，让中国的嘻哈产业更加健康地发展下去。

嘻哈是源自街头的一种文化。hip-hop文化的四种大元素方式包括m-cing(有节奏、押韵地说话)、b-boyin(街舞)、dj-ing(玩唱片制作及唱盘技巧)、graffitin(涂鸦艺术)。《中国有嘻哈》是一档爱奇艺自制网络综艺，"美国有嘻哈大家知道，韩国有嘻哈大家也知道，但是当时没有人知道中国有嘻哈"。王甜甜的话逗乐了大家。

让人没有想到的是，2017年夏天，第一季《中国有嘻哈》一播出，立马引爆了中国说唱界。那些说唱艺人从幕后站到了台前，让观众看到了中国确实有嘻哈。

2018年，王甜甜带领电视视频制作团队，打造了中国新说唱HBE-LIVE刺猬现场，节目在爱奇艺播出两期，把品牌的小型现场演出搬上了荧幕。当时，王甜甜去看了现场，"1000多人，三个多小时，所有人都非常嗨！"王甜甜耸耸肩胛，声音中有兴奋的味道。

hip-hop的魅力在王甜甜心里产生了强大的冲击力。基于刺猬兄弟，嘻哈、街舞、街头篮球等所有跟hip-hop有关系的文化内容，今后会陆续通过生活节、音乐节等活动展现。"没错，这是我现在最感兴趣、最想去做的事情。"王甜甜神色飞舞，语气坚定。

王甜甜认为，文化内容驱动模式确保了蓝天下的创新动能，节目品类资源整合和专业化分工确保了蓝天下的效率动能，这两大动能相辅相成，高度体系化运作，确保持续不断输出高品质的体验类和文化类产品。

有一次聚会，坐着满屋子的导演。王甜甜提议组建一个导演俱乐部，共享资源，互通有无，响应者众。于是，导演俱乐部正式成立，王甜甜成为总召集人。为此，王甜甜笑称自己是导演的经纪人。《中国新说唱》的总导演车澈、《向往的生活》总导演王征宇、《极限挑

人物 PROFILE

战》总导演严敏、《跨界歌王》总导演宫鹏、原跑男总制片人、总导演岑俊义等，都成了这个俱乐部的成员。

至此，王甜甜的"江湖地位"正式确立。

B艺人经纪人，你或许并不陌生。但艺人统筹，你恐怕并不能知其然。这是王甜甜在多年的媒体从业中，基于国内综艺市场兴起与发展的背景进行的职业细分。

艺人统筹的前身是艺人接待，是节目制作阶段艺人与节目组对接的桥梁，涉及信息传达、节目行程安排等引导性工作。但是现场常常有一些突发状况，垂直化的三方交流，常常会出现传声失真的情况，造成艺人与节目组之间产生嫌隙，引发合作危机。同时，综艺平台缺少对艺人的掣肘，同一频道不同节目之间的资源没有打通，艺人接待经常处于自身立场丧失的无力状况。

王甜甜发现了这个问题，决心改变。为了规范化管理，形成相对统一的标准，王甜甜在一次又一次的实战中摸索出艺人统筹的创新模式。

《奔跑吧，兄弟》是中国第一个大型户外竞技类真人秀，当时中国大陆此类节目还处于空白状态，做这档栏目的时候，许多方面都面临着从无到有的创制。尤其是艺人统筹，如何选角？如何做好管理、服务工作？王甜甜面临的挑战着实不小。

克服种种困难，王甜甜最后交出了令人满意的答卷。

艺人邀请方面，当邓超、Angelababy、李晨、陈赫、郑恺、王宝强、王祖蓝七人亮相的时候，其阵容令人刮目相看。

艺人管理方面，王甜甜与队长邓超沟通，希望得到他的配合。邓超明确表示支持，并很快落实到行动上，处处以身作则。就这样，节目录制过程中没有任何不愉快的情况发生，整个团队充满了凝聚力。

就效果来看，在中国综艺节目面临发展瓶颈的历史节点，《奔跑吧，兄弟》成为了爆款。作为相互陪伴的合家欢系列，跑男迎合了当时市场所需，一家老小都喜欢看，成为了全民热议的"国综"，甚至节目中的撕名牌，也成为现实生活里的游戏行为，大家争相模仿。

从节目筹备到推进，王甜甜一步一个脚印前行，并在前行的过程中积极搭建艺人统筹的标准化框架。

2016年春天，王甜甜的辞职申请批了下来。从浙江电视台出来，她成立了一格传媒。

经过前期的经验积累与内容架构，一格传媒确立了艺人统筹要聚焦的三大板块：艺人的策划与搭配、艺人合作及艺人谈判、剧组的现场管理和服务。这需要王甜甜一手抓管理、一手抓服务，缺一不可。

艺人统筹同样要有自己的坚守。王甜甜给节目做艺人总监的时候，时刻保持公正立场，并且坚持原则，让手下的其他艺人统筹保持中立。所以她参与的综艺节目，都能做到艺人与制作方的关系融洽，这样，便形成了良性的合作业态。

王甜甜称，艺人统筹要有负责任的态度，尊重节目规则，尤其在跟艺人对接的时候。这份原则体现出的是一种专业的态度，专业才能做好内容。一个艺人统筹要能对节目内容有充分的了解，才能产生高效率、高质量的沟通与传达。

"艺人统筹说到底是为内容服务的，这是很重要的一点。另外，就是要懂宣传。上综艺节目是艺人在宣传工作中非常重要的一部分，艺人本身有什么样的特点，跟节目结合以后，能不能把他们的优点都展现出来，传播给受众，这是要着重考虑到的。"王甜甜接着说道。

王甜甜把这些理念应用在一格传媒上，打造出值得信赖的艺人统筹品牌，成为这个领

■蓝天下传媒参与制作的爆款综艺:《向往的生活》《极限挑战》《中国新说唱》

人物 PROFILE

域最有话语权的掌舵者之一。

王甜甜笑称,创造新版图的人都是非常痛苦的,不仅是作为艺人统筹的她,还是制片人等,他们都顶着巨大的压力。从结果来看,王甜甜经手的节目反馈都超出预期。而平台建设就是在这一次又一次成功的合作之中,变得更加稳固、更加宽阔、更有口碑。

C 王甜甜有众多名号。某次活动上,吴亦凡笑称她是社会我甜姐,自此开始在圈内流传。别人也称王甜甜为甜姐、甜导。

大学毕业之后王甜甜进入浙江电视台,被分到台里的影视娱乐频道。王甜甜以制片人的身份策划导演了本塘春晚,是同期同类型反响最好、收视率最高的节目之一,获得了浙江省委宣传部颁发的省级文艺奖。作为职场新人的她,这份荣誉甜之又甜。

王甜甜当过节目导演、制片人,也做过宣传工作。创办蓝天下传媒,成立一格传媒后,她把过往的经验熔炼于一炉,为综艺市场的规范化、产业化发展贡献着自己的力量。

"我是一个比较懂得生活,并且乐于享受生活的人。"王甜甜说。哪怕工作再忙,她也不会去挤压自己的生活空间。各种各样的事情,只要是她感兴趣的,都愿意去尝试。

是的,就在刚刚,王甜甜带领浙江大学EMBA的学友们下田抓泥鳅、插秧,玩得不亦乐乎。

■ "我是一个比较懂得生活,并且乐于享受生活的人。"王甜甜说。图为王甜甜在蘑菇屋前的水田插秧

■浙江蓝天下影视传媒有限公司坐落于杭州市郊桐庐县合岭村的节目拍摄基地　　记者　徐青青摄

说到为什么要去读EMBA？王甜甜给出的理由真诚坦率：好久没上学了。在前不久的课堂上，王甜甜的任课老师推荐了盖洛普的《优势识别器》，177个问题，要求30分钟答完，而她花了40分钟。最后呈现出来的王甜甜优势图形关键词如下：责任，回顾反思，学习，公平，成就。"总体来看，这个结果跟我有90%的匹配度。每个人的性格都是多方面的，找到自己的优势，并且把它放大，这是很重要的。公平心强的人深知应该平等待人，他们希望有固定的章程以及清晰的规则和程序，每个人都可以遵循。"王甜甜一字一字地念给记者听。

王甜甜很热衷于生活中的无用之用，去做一些琐碎的小事，不带任何功利性目的。比如看书、看电影、画画。在EMBA的教室里，听课之余她会随手在本子上画一些哆啦A梦；在家的闲暇里，她喜欢绘画，让自己沉醉在色彩的世界里，不亦乐乎。

无用之用，方为大用。人生中不应该只有工作，更要有情怀、情绪、情感，正是这些微末让王甜甜的生活有滋有味。正是因为适时给自己放空、留白，王甜甜一直保持着旺盛的创造力，去做更多具有开创性的事情。

夜色渐起，站在山坡上望一望，蘑菇屋开始点亮一盏盏灯。那灯光透过窗户，让人感到温暖而舒心。

（部分图片由被采访者提供）

责任编辑/沈丽萍

人物 PROFILE

俞春根：一片羽毛的重量

□杭商全媒体记者　王昭奕/文　徐青青/摄

寒风凛冽的清晨，俞春根骑上自行车，往后挥挥手，转身，一路吆喝着："鹅毛鸭毛甲鱼壳！"很多年前，俞春根的少年岁月便是这样日复一日在萧山度过的。在他的记忆里，当时的萧山便是在这一声声的吆喝声中苏醒过来。

杭州萧山，是出名的羽绒之都。俞春根出生在这里，成长在这里，一辈子与羽毛结缘。从走街串巷收羽毛，到正式在羽毛厂上班，再到创立浙江万翔寝具制品有限公司、杭州翔弘纺织有限公司、浙江久工精密机械有限公司、徐州市威远置业有限公司……敢想敢干的俞春根凭借年轻时收罗起的一袋袋羽毛，织造出一双创业的翅膀，带领自己飞翔到一片崭新而辽阔的天地。

一片羽毛，承载了俞春根一生奋斗的重量。

有一分热，发一分光

做生意三个字好像就是烙印在俞春根身上似的。回忆起小时候，特别是过年前后，村里的家家户户都会做点小生意，把收集来的鸭毛鹅毛卖到杭州城里去，赚点钱可以过个舒坦的好年。那时候的俞春根除了要下地劳作，还会跟着家里边的亲戚挨家挨户收羽毛，再卖给供销社。

可能是从小的耳濡目染，俞春根身上具备着独特的生意头脑。1984年，村里开办了一个羽毛厂，俞春根拥有了第一份正式的工作，成为一名小小的业务员。

作为一名业务员，俞春根时常需要全国跑。挤过无座的绿皮火车，睡过夜间行驶的长途大巴，坐过颠簸的拖拉机，2年时间，俞春根跑遍大江南北，将全国各个地方的羽毛行情都摸了个透。他不放过任何一个与人交流、与产品交流的机会，每到一处，必先检验羽毛的绒朵与色泽，再与当地业务员攀谈。久而久之，俞春根的脑海中形成了一幅"中国羽绒工业现状及发展趋势图"。这份业务员工作的经历，带给俞春根的不仅仅是业务和人脉，更多的是开阔了眼界。做生意，必须要有大局观，而俞春根的这份大局观，也许正是这两年的业务员工作经历带给他的最大收获。

两年后，村里的这家羽毛厂不再做鸡毛生意。而俞春根也在规划着自己未来的转型，他想要成立自己的公司！于是，等到1988年，一切条件都已成熟，俞春根创立了属于自己的第一家企业——浙江万翔寝具制品有限公司。

创业是条荆棘路，俞春根的创业之路也并非一帆风顺，起步初期，万翔寝具没有稳定的客户渠道。俞春根凭借敏锐的市场嗅觉，看中了深圳的市场，20世纪八九十年代，深圳是中国改革开放的前沿，有着"让所有梦想都开花"的美誉，这里也确实让俞春根的羽绒事业开花结果。1989年，他在深圳认识了一批同行，慢慢打开了万翔寝具的销路。

做业务员时期，俞春根结识了不少好友。其

■浙江久工精密机械有限公司董事长俞春根

中一位便是在太平洋公司的香港办事处工作，正是这位朋友向公司力荐了初出茅庐的万翔寝具，俞春根的事业才开始走上正轨。

1994年，万翔接到了一笔来自美国太平洋海岸羽毛公司的大订单。自此，万翔与太平洋公司开启了25年的友好合作之旅。接单之后，俞春根自原材料起，对每道工序都严格要求。他一改以往挨家挨户收羽毛的方式，大刀阔斧地以采购行为来完成：联系哈尔滨的羽毛检验工，以含绒量为标准，按百斤起收。所有原料采购结束之后，再带到萧山加工，用分毛器进行分类，然后水洗，将毛跟绒分离出来，再翻到羽绒被中，才算是真正完成了这笔订单。

这份一丝不苟的性格，让万翔成为品质保障的代名词，20世纪80年代，万翔一年的营业额就达到了5000万元。在其位，谋其政，做好每一件小事，俞春根的每一步都在为自己的未来奠基，有一分热，发一分光，就像萤火一般，聚集起来也可以照亮整片天空。

大浪淘沙，不进则退

创业也如逆水行舟，不进则退。时代变幻，

人物 PROFILE

跟不上时代的企业必然会悄然消失在洪流之中，俞春根深知这个道理。"我不能局限于万翔的成功。"对于俞春根来说，奋斗是永恒的主题。

1996年，俞春根带领万翔正式进军成品市场，2002年，俞春根成立杭州翔弘纺织有限公司，真正将一条龙服务进行到底。这家具备国际先进水平的布料生产企业渐渐发展成为集各类纺织服装、家用纺织品及其他面料开发、纺织、销售为一体的专业面料制造商。

俞春根很有企业家独具的魄力。2002年，俞春根为翔弘纺织配置了96台均价2.8万美元的纺织机，以及一台45万欧元的浆纱机。这对21世纪初的民营企业来说着实是个大手笔。

之后，公司根据客户需求和市场特点的差异性，设计了独立的生产线，针对不同客户提供不同的优质服务。

俞春根的这一步是关键性的一步，对万翔也好，对翔弘也好，在时间的大浪淘沙之下，它们转型成功了，"办企业，一定要有闯劲，胆子要够大。"如今，万翔每年服务日本优衣库的销售额就有将近2亿元人民币。公司旗下响当当的寝具品牌梦高家纺已成功进驻上海家乐福，凡旎丝亦成功进驻上海华联吉买盛。

俞春根的脚步从不曾停下，企业家的目光一定要放得长远。于是，2011年，他在万翔寝具相邻之地成立了有4.5万平方米厂区的浙江久工精密机械有限公司，这是一家高新技术企业。俞春根感知到，社会在发生着日新月异的变化，"做企业要多元化，高新企业在未来的发展潜力会很大。"一语成谶，21世纪过了将近20年，高新技术企业的发展价值不言而喻，几乎所有传统产业与服务行业都正在被互联网改变，漠视或是拒绝拥抱互联网的传统商业巨人，正一个个被边缘化，或已黯然倒下，而俞春根实现了完美的转型。2013年，俞春根步履不停，又成立徐州市威远置业有限公司。

仅仅上过四年学的俞春根，为什么会有如此独到眼光？因为俞春根明白，只有不断地学习，不断地吐故纳新，才能有源源不断的创造力和创新力。贯穿于俞春根一生的是持续的学习，在他的引领之下，企业会集了一批高素质、高水准、具有人格魅力的员工，他们通过不断学习和经验累积，为客户创造着更多的价值。

赠人玫瑰，手有余香

什么是企业家精神？也许所有人都会说，学习、创新、诚信、魄力等，但是往往最易被人忽略的，也是最无私的品质——奉献，更是优秀企业家应该具备的精神。俞春根身上，最闪光的一点便是这样的奉献精神。

对公司员工，俞春根视他们为自己的家人。他的每一家企业都有每年带全体职工旅游的传统，北京、上海、成都，俞春根想让他们都去看看世界，开阔眼界。但他一般都不会跟随员工一起出去旅游，他怕自己跟着去了，员工反而过于拘束，"我基本不去，我去了他们会玩不开，可能还会有照顾我的心理压力"。俞春根开玩笑地说。

对社会，俞春根也一直释放着自己最大的善意，背负起企业家应该背负的社会责任。俞春根的慈善事业已经深深植根在企业文化之中，每年，他们都会给山区的孩子送去寝具、衣物，有的时候，俞春根还会亲自去贫困山区探望这些可爱的孩子们。

一生奋斗不息，最终成为一个具备懂得舍得、宽怀人生、心中感恩三重境界的"厚道"之人，这就是俞春根的真实写照。

如今，俞春根基本退居二线，心境更趋平和，每天到公司来把把关，在办公室看看新闻。他感叹，"心有一隅，房子大的烦恼就只能挤在这一隅中，心有四方天地，山大的烦恼也不过是沧海一粟。我可能行的路比别人多一点，守的道比别人长一点，但这一切，让我更清楚地认识到了自己的不足，这一切都迫使我更加努力，让自己对待生活的态度更加诚恳"。因此，俞春根懂得收获的意义，更明白付出的快乐。

责任编辑/楼燕红

马海邦：双子星孵化

□杭商全媒体记者 李 洁/文

人物 PROFILE

2017年11月，六和路上，在东方通信园与海创基地之间，立起了一排引人注目的地标——六和桥创新创业生态示范区。汇集人才、项目、资金、产业，一个全新的创新高地在这里酝酿。

实现全新的孵化器模式，"国际双子星孵化集群"是六和桥创新创业生态示范区的两个主体之一。

"随着经济发展和对增量的要求，我们不固守于杭州，要把孵化的触角伸到海外。既接触海归团队，也接触大量的当地创业者，从而实现国际交流和项目之间的交叉性创新。"杭州枫惠六和桥创投科技有限公司董事长马海邦所说的孵化模式，正在高新区（滨江）的六和桥创新创业生态示范区生动实践。

孵化，走出去

素来低调。作为"六和桥创新创业生态示范区"建设执行委员会负责人的马海邦，已经在高新区（滨江）从事科技服务20多年。

1997年来到杭州高新区工作，2006年成立杭州枫惠六和桥创投科技有限公司，2013年成立枫惠科技咨询有限公司，2014年联合高新区（滨江）政府成立"5050计划"加速器……他一直在创新，一直在思考，把孵化能级不断扩大。

2014年至今，"5050计划"加速器累计孵化企业超过200家，耳熟能详的米趣科技、PingPong、E签宝等都是马海邦作为"天使"投资孵化的企业。每周四，"六和桥"投资沙龙如期推出，项目多的时候，周五也用来加场。截至2019年3月，沙龙已累计举办199期，超过950个团队（项目）参加了路演，单笔投资最高达5000万元，累计融资总额超20亿元。

从滨江建区到两区合并再到产业引领的"国际滨"，马海邦在滨江的经历恰恰印证了高新区（滨江）建设大孵化器的思路。对于他而言，做国际化孵化器的念头由来已久。"国际化是大势所趋，从滨江乃至整个杭州的发展角度看，如果想成为真正意义上的一线，必须获得更多的信息资源、人才资源。"

下定决心将国际化更好落地，源于2017年初的一次外宾接待。2017年3月17日，荷兰亲王带领20多位创业者来杭州考察，六和桥是其中一站。马海邦向亲王一行介绍了众创空间的孵化情况，在六和桥路演厅，荷兰初创企业团队和创业导师一对一谈话，导师们针对海外项目如何落地给出建议。

荷兰创业者在表达浓厚兴趣的同时，吐出苦水。"每次来都是走马观花，我们想好好住下来，固定在一个地方，深入了解中国的创业环境。"缺乏对接渠道，这一诉求引发马海邦的思考。

"应该走出去，做双向孵化。"在他看来，全球一体化，国际交流是重要环节。一方面应该主动出击，寻找海外的优质项目和人才。另一方面，中国传统企业能够在海外发展中谋得新的机遇。这才有了之后"六和桥创新创业生态示范区"的规划。

此后半年尘埃落定。在"六和桥创新创业生态示范区"启动仪式上，马海邦介绍了该区域的发展方向——"垂直孵化集群"加"国际孵化集群"。其中，六和桥国际双子星孵化器指两个孵化空间主体，一个设立在高新区（滨江），一个设立在国外。空间主体为创业团队提供在两国落地的物理空间、商务助理、技术转移、产业链对接等一系列服务。

"双子星在两边都要发光，而且是闪闪发亮，互为桥头堡。"这一愿景，在过去一年逐步实现。

2018年，六和桥国际双子星孵化集群共参与国际交流活动12场，获得国际项目推荐43个，落地11个。

创新，引进来

六和桥国际双子星孵化集群位于东方通信产业园4号楼。在5层楼的空间里，已涌进近70家带有国际化背景的企业，行色匆匆的年轻人穿行其间，开基创业，生机勃勃。

同样在产业园里，临湖而居的六和桥国际创业者俱乐部止在紧锣密鼓地装修，为外籍人才提供一个创业氛围浓郁的聚会场所，未来这里或将成为滨江老外集聚的地方，为国际化创新找到新的入口。

当然，这些只是六和桥创新创业生态示范区的一部分。与区内上市企业共建的产业垂直孵化器，以及从东信产业园往北1公里，海创基地内的六和桥众创空间，都是这片国际化创新生态的有机组成。

生态的形成并非一蹴而就。事实上，对于国际化创新团队的招引，六和桥已经做了许多年。

2015年，六和桥将PingPong引入钱塘江南岸，到现在，PingPong已成为当之无愧的中国跨境行业的创新引领者，它改变了跨境收款的格局和运行方式，屡次刷新中国跨境支付行业的战略投资纪录，创造了多项融资纪录。公司最新估值已超过10亿美元。

在PingPong看来，正是因为滨江政府，以及六和桥这样一个孵化平台，给予公司信息上的支持，优秀海归人才的输送，头批客户资源等帮助，才能完成PingPong从0到1的突破。

同样在2015年，通过六和桥的牵引，金洁带着嵌入式机器人计算技术回国创业，在六和桥创办了若联科技。从无人机入手，为移动机器人打造更安全和智慧的"大脑"，公司产品帮助解决方案开发者快速实现了无人（机）系统中的计算机视觉、机器学习、5G通信等前沿技术。扎根滨江，金洁也把这里的创新环境推介给海外同学，其中就有人通过六和桥的海外孵化，找到创业契机。

双子星孵化器建立之后，加入者不在少数，佳翼科技是其中的佼佼者。杭州佳翼科技有限公司是六和桥海外孵化器第一批引进培育的高层次人才创业企业，公司专注于先进特种无人机技术以及信息传感技术，将创新做到极致。

2016年11月入驻六和桥众创空间，佳翼科技完成了一系列蜕变。从最初的五六个工位，到目前的210平方米独立办公区域，如今已从孵化器破壳而出。期间，六和桥给予了人才、投资、技术的帮助，目前，佳翼科技核心产品——多用途可折叠垂直起降升浮一体飞行器已成功进行样机试飞，获得发明专利3项。

毕业于帝国理工学院的董志成，是更近期加入六和桥孵化的海归创业者。马海邦将其项目总结为"人生大数据"。公司研发的榜眼APP，通过AI技术帮助大学生选择就业方向、规划职业发展道路，短短一年时间里，已有超过40万人次在榜眼上寻求就业指导。

"A career mentor inspires the talent"是榜眼的英文翻译，意为激发才能，做同学们的人生导师。将此对应到创业孵化，也是六和桥一直在做的事。

与江对岸的六和塔遥相呼应，"六和桥"传承了《六和敬》的共住与和谐。创业在这里是循序渐进的事，是有温度的事。"身和同住，不分你我。"马海邦说，他很欣赏六和思想，大众创业，万众创新，说的就是这个道理。

记者问他，双子星的孵化模式运行一年多，成果达到预期吗？他回答，不要急功近利，走得太快，持久性就有问题。慢慢来，孵化创新是要做一辈子的事。

责任编辑/楼燕红

人物 PROFILE

董志成：
依托大数据，助力求职梦

□杭商全媒体记者　唐碧波/文　徐青青/摄

"我们的愿景是用大数据提供求职解决方案，让大学生赢在第一份工作上。"董志成如是说道。

董志成是一名"90后"创业者，洋溢着勃勃生机，正如他的公司——杭州巨兽网络科技公司一样。

杭州巨兽网络科技公司成立于2015年。这一年，董志成正在英国帝国理工学院求学，攻读市场战略专业。成立巨兽科技，对此刻的董志成来说更像是一种创业初探。

毕业后，董志成先后担任英国汇丰银行项目分析师、米高蒲志中国高级分析师。在这里，董志成了解了人力资源行业核心竞争力及运作模式，为创业积累了丰富的经验。

一切准备就绪后，董志成迅速回国，且行动力惊人。

2016年，董志成回到杭州。2016年底，启动"榜眼"项目——一款帮助学生就业的APP。2017年，入选高新区（滨江）的"5050"计划，并入驻海创基地。

从2015年成立至今，巨兽科技经历了一轮轮融资，由默默无闻到如今深受用户认可，迅猛的发展势头让我们看到了它成长为"巨兽"的潜力。

帮助大学生赢得第一份工作

就业市场中有个"二八定律"：只有20%的求职者能够获得满意的职位，而80%的求职者是无法获得称心如意的职位的。这80%的求职者该如何解决就业问题呢？

授人以鱼，不如授人以渔。在董志成看来，就业难源于求职者和市场的不匹配。换言之，求职者的能力不足以胜任理想职位，无法满足企业的需求，所以才出现找不到工作的情况。要解决这一问题，关键是提升求职者自身的竞争力。

董志成对就业问题有如此深刻的洞见，源于他个人的求学、工作经历。

董志成的本科专业是化学。他一进入大学就开始思考自己的未来，到底是继续深造读研还是进入企业工作？在经过短暂的迷茫期之后，董志成发现自己擅长与人沟通、喜欢市场运营，所以在硕士阶段，他毅然选择了市场战略专业。毕业后，成功进入专业对口的行业。

董志成用自己的经历证明了，工作是主动找来的而非等来的。只有正确认识自己，再加上合理规划，才有可能找到合适的职位。而现实情况是，现在的大学因学生数量多、就业指导老师少，很难对学生进行精准的、个性的就业指导。如果没有前人的指导，大学生很

随着大数据和人工智能的发展，精准和高效成为招聘市场的新需求。巨兽科技依托大数据分析优势，实现企业和个人的精准匹配。董志成相信，"榜眼"APP必定能使大学生赢在第一份工作上！

人物 PROFILE

容易陷入求职迷茫。

在工作中，董志成遇到过许多人因为自我认识不充分、职业规划混乱而做了自己不擅长的工作，这让他感到十分惋惜。

想要帮助更多人找到合适的工作这个想法在他的脑海里不断盘旋。这也成为他创业的初心：设计一款帮助学生实现就业的APP，希望大学生们通过"榜眼"APP变成真正的状元，成功赢得第一份工作。

"榜眼"的英文介绍为"A career mentor inspires the talent"，董志成借此表达了创业的坚持："榜眼"不只是求职平台，它还是就业导师，通过激发学生主观能动性、挖掘个人潜能的方式，使学生成长为优秀的人才。

旧瓶装新酒

"有意思"是董志成时常挂在嘴边的一句话。

在了解董志成的生活、工作经历之后，你的确很难找到比"有意思"更贴切的概括了。"有意思"也是他思考时候闪现的灵光，使他的创业更加有趣。

当记者问到为什么选择入驻海创基地，董志成的答案带有鲜明的个人风格，"这里都是年轻人，创业氛围特别浓厚""我不想泯然众人，海创基地以大型制药、重工企业为主，小型互联网企业比较少，我在这儿显得比较特别"。

特别在哪儿呢？或许是一头酷炫的蓝发。初次见面，耀眼的蓝色、明亮的笑容、晴朗的阳光一齐映入采访者的眼中。

或许是别具一格的室内设计。公司分成工作区和休闲区，工作区如一般的创业公司那样整齐而忙碌，休闲区的布置迥然不同，复古摩托、三角钢琴、专业话筒、北欧风干花……无一不透露着董志成内心的丰富多彩。严谨和活泼的混搭才是董志成的内核。

或许是他正在运营的"榜眼"APP，一款帮助学生就业的软件。就业市场的巨大潜力是毋庸置疑的，各种项目令人眼花缭乱，却也如大雁过空，难留痕迹。因为就业市场已经饱和了。董志成介绍，现有的就业市场规模为50亿~60亿元，以智联招聘、前程无忧为代表的大型上市企业已经占据绝大部分市场，小型企业在强势包围之下只能在夹缝中勉强生存。

董志成依然选择此行业，是因为他能在平凡中寓巧思，于困境中见转机，将难以有突破的创业项目变得有意思起来。

麦克斯研究院在2018年6月发布《2018年中国大学生就业报告》，"就业质量"部分概括如下：2017届大学毕业生的就业满意

在瞬息万变的时代，求职者需要提高自己的能力来获得心仪职位。创业亦是如此。只有不断地技术创新、内容创新，才能永远保持生命力。董志成深谙此理，新的一年，他将继续开疆拓土，做一只勇往直前的"巨兽"。

度为67%，工作与职业期待的吻合度为49%，其中认为工作与职业期待不吻合的本科毕业生中，有31%的人认为是"不符合自己的职业发展规划"，也有22%的人认为是"不符合自己的兴趣爱好"。

以上数据直观地说明了2017届大学毕业生就业不满的原因主要是与自己的职业规划发展或兴趣爱好不符。那么，该如何帮助大学生找到与职业规划相符或兴趣爱好相符的工作呢？这就是董志成所要做的。

董志成苦苦思索，最终溯源到求职平台存在的意义这一根本问题：求职平台为何存在？是为了解决就业问题。就业为何成为难题？是因为求职者和需求企业的不匹配。为何出现不匹配现象？是因为求职者实际能力和理想之间存在着差距。那么，解决差距才是就业问题的关键，也是求职者的诉求核心。

同样是求职平台，董志成的"榜眼"却有不一样的逻辑：以就业问题最根源处的人即求职者为切入点，用大数据技术为求职者提供精准的就业指导，将其从80%的众人提升为20%的人才。

比别人多走一步

董志成的第一步是建立自己的数据库。"数据库是一家人力资源公司的灵魂"，这是他毕业后在国际招聘顾问公司米高蒲智工作时最深的感触。建立有效的数据库之后，董志成开始思考如何最大限度发挥数据的价值。

董志成的第二步是提供精准的求职分析。在完成专业的职业测评、填写个人信息后，"榜眼"经过数据运算，向求职者推荐匹配的职位、对应的薪资。

董志成的第三步是为求职者制定提升竞争力的方案，助力求职者成才。在这一环节，董志成引入教育培训，"榜眼"通过求职报告，告诉求职者理想职位的薪资标准、所需技能证书，分析求职者现有的职业技能和理想职位所需技能之间的差距，并向他们推荐合适的技能培训机构。

于求职平台而言，第一步是必需，是"安身立命"之根本；第二步是现在，是各个平台正在尝试的；第三步是未来，是行业的发展趋势。

董志成一个大迈步就来到了第三步，比别人多走了两步。从一到三，从泯然众人到脱颖而出。"榜眼"各个环节的扣合连接做到了逻辑缜密、严丝合缝，从收集分析数据到创造用户需求再到提供解决方案，形成了完整的求职—招聘闭环。"榜眼"紧密链接个人、企业、教育三方，依托大数据分析，搭建了"个人、企业、教育"三位一体大平台。

以上设计得以实现，离不开强大的技术支撑。郭毅可教授及其团队的加入为董志成的创业添上了一把猛火。郭毅可教授是英国帝国理工大学终身教授、英国皇家工程院院士、欧洲科学院院士、数据科学研究所所长，他从事分布式数据挖掘，以及网格计算、云计算、传感器网络和生命科学领域的数据科学研究已有多年，他以联合创始人的身份加入项目，为"榜眼"建立技术壁垒，提供大数据分析等技术支持。

在瞬息万变的时代，求职者需要提高自己的能力来获得心仪职位。创业亦是如此。只有不断地技术创新、内容创新，才能永远保持生命力。董志成深谙此理，在新的一年，他将继续开疆拓土，做一只勇往直前的"巨兽"。

———— 责任编辑/楼燕红

人物 PROFILE

汤志成：
布局未来，拥抱酒店新零售

□杭商全媒体记者　唐碧波/文　徐青青/摄

2012年，毕业后于香港创业。
2015年，回杭州创业。
2016年，创立杭州乐湃网络科技有限公司。
2016年，乐湃科技入选杭州高新区（滨江）人才创新创业"5050计划"。
2018年，乐湃科技被评定为杭州市高新技术企业。
2018年，乐湃科技荣获中信"国安创梦巢"全国创新创业大赛一等奖。
2019年，A轮融资即将开启。
……

这7年来的经历简单勾勒了乐湃科技的发展过程，也象征了公司创始人汤志成在创业之路上的一个个坚实的脚印。这4年的时光见证了公司的茁壮，也见证了汤志成个人的成长。从创立之初的兵荒马乱、少年意气到如今的有条不紊、沉着稳健，汤志成走过许多弯路，付出过许多代价。经过多年的辛勤耕耘和不断探索，汤志成似乎找到了前进的方向——酒店新零售。

新零售已成为未来不可逆转的发展趋势，场景化体验式精准营销的兴起，是社会经济发展的必然结果。通过数字化技术，可以实现零售行业"人、货、场"全产业链的重构再造。其中，自助零售体验在中国正迎来快速发展期，场景化体验式的自助零售体验是未来各行各业都不可或缺的组成部分。

"自助零售体验行业的爆发必将到来！"在为记者介绍新零售趋势和产品创新点的过程中，汤志成的语调十分地冷静平缓，眼神里却是满满的自信和笃定。道路必将是越走越宽广的，只要坚定地踏步向前，终将迎来一片明朗天地。

■乐湃科技CEO汤志成

归来：市场广阔，大有可为

2012年，汤志成从香港中文大学系统工程专业硕士毕业了。波光粼粼的维多利亚港、一览众山的太平山顶、包容开放的港中大……香港的山水滋养了汤志成追逐自由的心灵，香港的狮子山精神撬动了他灵魂中不安分的一角。于是，他选择了创业。

热心于社会事务的他，在校期间担任香港

新零售已成为未来不可逆转的发展趋势，场景精细化运作是其中重点。汤志成潜心技术研究，创新运营模式，带领乐湃科技向酒店零售发起进攻。

人物 PROFILE

中文大学研究生会主席职务，结识了一群志同道合的朋友。毕业之际，他在香港与校友共同创办留学金融服务创业公司，从内地高校选拔优秀的学生前往香港知名企业实习，清华大学、北京大学、浙江大学等内地顶尖高校均成为其合作伙伴。因为服务好、质量佳，深得学生认可，单单浙江大学，每年报名的人数就突破千人。

若是留在香港，熟悉的创业环境、如火如荼的事业发展，汤志成也可以有不错的发展。但在2015年，他选择了回到内地发展。其中又是什么原因呢？汤志成向我们道出自己的考量：他的创业导师林东在那一年邀请他加入自助售货机创业团队。经过调研，他认为自助售货机潜在增长空间巨大。在发达国家，自助售货机是非常普遍的，如日本有500万台机器，但是在中国内地只有十几万台机器。他相信，这一行业的前景是无限的。于是，他毅然放弃香港创业项目，回到内地开启新的创业之路。

至于为什么选择海创基地，汤志成丝毫不迟疑地回答我们，是信任。"杭州海创基地在创业生态圈中是有口皆碑的，政府能为创业者提供强大的政策保障，创业者愿意信任这里、安居这里。"

卡尔比尔特曾说，"今天的全球性城市，必须拥有自行车道和洒满阳光的露台"。对于定居者而言，一座具有魅力的城市应该拥有宜居的环境和伟大的艺术。对于创业者而言，一座城市的吸引力在于它的创业氛围和政策支持。海创基地对于入驻的项目和公司都给予大力支持，在租金、研发、产业扶持等方面都给予补贴。周围的大型企业提供的技术支持，再加上完善的创业体系，这些对于创业者而言都极具吸引力。

汤志成来到杭州后，又邀请了来自中国澳门、台湾地区的伙伴共同参与。几个怀揣着同样创业雄心的年轻人拉开了一场好戏的大幕。

沉浮：走向专而美

"乐湃，科技让快乐澎湃！"公司的口号暗示了汤志成的创业初心：做一家技术研发公司。

"认识你自己"，这是刻在希腊德尔菲神殿的一道神谕。但认识自己并非易事，汤志成在吃遍了苦头后，才买来了这份教训。

面对眼花缭乱的市场热点、五花八门的经济风口，汤志成迷惘了。"我那时候太幼稚，以为一切都很简单，完全没有自己的思考，还是因为缺少经验，太幼稚""年轻人应该先去公司积累、学习，再出来创业……"现在说起创业往事，汤志成的情绪已经没有太多的波动，但频频出现的"幼稚"还是悄悄泄露了汤志成内心的

"自助零售体验行业的爆发必将会到来！"在为记者介绍新零售趋势和产品创新点的过程中，汤志成的语调十分冷静平缓，眼神里却是满满的自信和笃定。道路必将是越走越宽广的，只要坚定地踏步向前，终会迎来一片明朗天地。

起伏。此刻的汤志成仿佛是身边的学长，认真又诚实地分析着种种经历，盼望后来的学弟学妹们少走一些弯路。

因为有先前香港的创业经历，当时的汤志成并没有把眼前小小的自助售货机当作多么大的挑战，再加上当时内地的自助售货机市场潜力巨大，涉足团队寥寥无几，为抢占先机，汤志成选择了最直接又最有野心的方式，抢占线下市场。汤志成迅速投入大量资本，加快铺设自助售货机，在网吧、学校、医院、机场、工厂等人群川流处，都能见到乐湃的身影。为了吸引更多用户，汤志成尝试售卖各种产品，从水果蔬菜到沙拉寿司，从解馋零食到早餐午餐，无一不涉足。其结果却是惨烈的。"我们尝试了太多太多，行业内所有的新动态和痛点难点，我们都很清楚。"

不断失败，不断调整，不断再尝试……汤志成终于找出了症结所在：发展线下产业需要解决设备资产和供应链两大难题，这对乐湃来说，太难了！

乐湃科技公司是一家技术型公司，擅长的是线上工作。所以应该专注于擅长的领域，即设备研发、软件开发和流量引导。只有专注于一件事，才能将它做到完美。

发现问题后，汤志成及时调整方向，制定新的发展策略：第一，做好流量引导，把线下流量导入线上；第二，创建品牌价值，摆脱固有的"售货机"印象。为实现以上目标，汤志成在等待一个合适的应用场景。

"智慧酒店"的出现让汤志成嗅到了成功的可能性。随着消费结构升级和消费观念的转变，酒店作为连接旅游、出差人群的关键产业，必须朝着更加智慧化、数字化的方向发展。乐湃科技察觉到了这一趋势，全力研发酒店智能设备，如酒店自助入住机和智能体验吧。酒店自助入住机使用户实现秒入住秒退房的需求，智能体验吧是对酒店传统迷你吧的智能升级，用户可以通过移动支付的方式自助购买产品。以上智能设备通过收集酒店用户的出行目的、购物偏好等数据，对用户进行画像，之后再进行精准推送和营销。比如，对于出差的用户，可以向他们推送当地土特产产品等；对于旅游的用户，可以向他们推送当地的一日游等产品。

凭借成熟的技术、踏实的服务、良好的市场口碑，乐湃科技已经合作酒店近2000家、近20万间客房，目前主要覆盖区域为杭州地区，之后将向周边城市如上海、温州、台州加大投放量。

起航：创业让人成长

汤志成是一名"80后"创业者，在他的身上能看到而立之年的成熟稳重与不骄不躁。

当记者问到是否打算拓宽业务的时候，汤志成连连摇头："能把酒店产业链打通，已经是一件不容易的事。"经历过创业初期的莽撞之后，汤志成对所做的每一个决定都十分慎重。

他接着说道："其实我的创业是被逼的，一旦走上了这条路就无法回头。我的身后是我的朋友和家人，如果我不坚持下去，怎么对得起他们？"

实际上，汤志成是一个会主动迎接挑战的人，他十分享受创业的过程，因为"创业让自己的成长更快一点"。通过接触不同行业、探索不同领域、解决不同难题，他对自我的认知也在不断突破。在内地和香港之间，南来北往，青涩少年成长为了有为青年。

"乐湃，科技让快乐澎湃！"那么，我们也祝愿乐湃，"澎湃"发展！

责任编辑／楼燕红

人物 PROFILE

於兴友：让健康可视化

□杭商全媒体记者 周 珂/文 李 靖/摄

这些年，医疗大数据政策经历了从无到有、从宏观指导到细则规定的过程。中国的大健康产业也在此期间进入快车道。医疗服务业的创新创业不断推向纵深，多元细分领域出现的细分机会正逐步凸显。

而健康产业的最终归宿依然是人。正视生命价值、尊重生命价值是大健康产业的最终目的。浙江过塘行网络科技有限公司作为一家可视化健康服务商，努力打造着专业便捷的大健康教育、社交及服务共享平台。

西兴"过塘行"为专替过往客商转运货物的"转运行"，其任务便是将浙东南富庶地区出产的物品转运到钱塘江以北，起的是中转、运输的作用。此浙江过塘行网络科技有限公司便有了彼"过塘行"的意义。其将权威专家提供的健康教育及专业医学内容转化成浅显易懂的视频和图文等形式，推广前沿的医疗科技，以此改善医患沟通的现状，为更多的用户和患者提供优质服务。

搭建可视化健康知识平台

病中，人有着来自各个方面的紧张。

焦虑，是确诊病情后患者和家属最有可能出现的心理状态。对自己病情的不完全认识会让患者与患者家属诸多恐慌。很多时候，限于医疗资源的紧缺，医生没有足够的时间向患者解释病情。浙江过塘行网络科技有限公司创始人於兴友便遇到过这样的事情。

他于2013年体检时查出胆囊息肉。2015年，其胆囊息肉超过1厘米，医生建议切除。可由于没有任何症状，他始终下不了决心盲目切除胆囊。直至2017年，於兴友找到上海东方医院胆石病中心主任胡海。胡主任跟他详细解释了胆囊息肉的特征、风险和解决方案以及可能出现的各种情况。于是，於兴友做了保胆取息肉的微创手术。手术结果与术前良性息肉和胆囊功能完好的判断一致，达到了其消除顾虑和去除潜在隐患的目的。

■过塘行网络科技有限公司创始人於兴友

"十多年前因为腰椎间盘突出做了开放式手术,但因为当时没有微创手术的专家和医院信息,我依然为过于仓促做的决定耿耿于怀。"面对看病难、医患沟通不畅、信息鱼龙混杂的现状,於兴友下定决心要做一个可视化的健康知识平台,通过三维动画方式向社会传递健康知识,为大众提供精准匹配的服务,消除人们的无知与恐惧,提高医患沟通效率,从而改善医患关系。

於兴友从未忘记自己的初衷。他希望过塘行制作的e鹊视频能向社会传递健康知识,为大众提供精准匹配的服务,消除人们的无知与恐惧,以此来尊重生命的价值。

人物 PROFILE

於兴友将自己的构思告知胡海医生后,胡海当即表示支持。过塘行成立后,胡海成为过塘行的第一个签约医生。据悉,过塘行已与上海东方医院、浙江大学第一附属医院、浙江大学第二附属医院、浙江中医院、杭州市第一人民医院等15个国内著名三甲医院的主任级专家团队签约合作。过塘行的后续目标则是与国内、国际100个顶尖专家团队签约合作。

於兴友介绍,过塘行制作的未经过任何宣传的有关卵巢囊肿的视频,几个星期内在《今日头条》已拥有20余万次观看量。深耕健康的可视化视频,通过自媒体的推广,如於兴友所预期的那样,正润物细无声地匹配到刚性用户手中,也有医院的门诊医生主动联系,希望能与过塘行合作,使用过塘行的医学视频与患者进行疾病和预防知识的介绍。

让专业,更专业

毫无疑问,人工智能、机器学习、大数据、互联网医疗等数字化技术正在重塑着医药行业。於兴友希望过塘行提供的产品与服务能够有助于大众在第一时间快速准确地了解各种健康相关知识,并及时得到适当的预防和治疗方案,实现可视化的用户生命周期的健康检查和管理。

为此,他始终坚持"由专业的人做专业的事"。如今,过塘行的内容制作团队有25人,拥有医学背景的编辑有6人。每个过塘行制作的视频,由专家提供相应的疾病知识为剧本,编辑进行完善,再由专家进行审核,过塘行才开始制作小样。将制作好的视频传给专家,他们会再次提供修改意见,由其盖章可行后的视频才会被上传至网络,"包括手术刀的位置、方向、动作,我们都会根据专家的意见进行修改。我们还会在视频下方附上专家团队信息,体现知识的来源"。

如今,过塘行打造的新媒体矩阵,包括了"e鹊"APP、微信公众号、微博、今日头条等,其间的视频内容基本已覆盖医学全科。除了三维动画视频外,过塘行知识库还采用生动形象的医学插画向大众介绍各专科的不同情况以及热门关注点的基本情况。值得注意的是,几乎每个插画后面,过塘行都附上了参考文献。於兴友表示,除了专业视频之外,公司还在搭建团队专门制作配套的轻松幽默健康类短视频。

源自对家乡的喜爱,於兴友将公司取名为"过塘行"并落户滨江,"滨江西兴是我的老家。我在1987年离开这里北上读书,又在

> 毫无疑问,人工智能、机器学习、大数据、互联网医疗等数字化技术正在重塑着医药行业。於兴友希望过塘行提供的产品与服务能够有助于大众在第一时间快速准确地了解各种健康相关知识,并及时得到适当的预防和治疗方案,实现可视化的用户生命周期的健康检查和管理。

1999年回来滨江与几个兄弟一起创业。可以说，我是看着滨江一路成长过来的。"这些年来，於兴友看到了一个生机勃勃的滨江：这里有40余家上市公司以及数不尽的高新技术人才。他甚至已经想到了长远的发展，"滨江的文创氛围很好，未来我们可以跟区里的企业进行合作，也可以邀请中国网络作家村的作者来过塘行开一个窗口，写与大健康相关的作品"。

丰满健康定制服务

大健康产业的本质依然是产业活动，通过市场运作获得收益是其本质属性。不过不同于其他产业，大健康产业还兼具了公益属性。过塘行身处其间，除了制作健康可视化内容之外，同时也打造着自营品牌（e鹊）的健康商城以及开发各种健康定制服务的前期准备工作。

根据调研，过塘行会在前期挑选出大众所需要的健康产品，再通过自主或与专业团队合作研发，推出相关产品。於兴友介绍，"目前我们在研发智能式吹风机，可以根据吹风机与人的距离和时间长短自主调控风量。其产品的温度适用于婴儿与孕妇"。他一直从事的是机械零部件行业，如今跨界创业，依然发挥着自己老本行的优势，同精选的供应商和优秀技术团队精诚合作，共同打造优质健康商城。

两股创业的绳子紧紧拧在一起，自然结实有力。据悉，过塘行有专门的运营部门负责选择与健康相关的商品，也有负责产品开发的研发部。於兴友表示，过塘行现在正在自主开发具有特色的婴儿睡袋以及特色珐琅铸铁锅等与日常生活相关的健康类用品，"我们的大健康不是做一线治疗，而是在多样、包容的市场中，解决初级保健的问题"。

等发展到一定规模后，於兴友则希望将"过塘行"的本质发挥到极致，在APP中开发出具有各种健康需求的"塘"，所有人可在"塘"中互帮互助。未来，过塘行也会请相关专家作为"塘主"，就某一大家感兴趣的领域，运用AR、VR技术，解决"塘中人"疑问，实现良性互动。衍生开来，定制服务自然未尝不可。在经过调研后，根据"塘"的需求可进行开班授课，"以后，过塘行会是一个管理中心，成为大众的'健康秘书'，定期提醒主人关注健康数据和行为"。

共享服务则是於兴友孜孜以求的愿景。

随着中国人口老龄化加剧，家庭养老问题日益突出。子女不在身边的老年人遇到健康问题时，若有人能够在需要时做一个"随叫随到的闺女"，提供陪伴服务，陪老人看病检查、买药打针，这对整个家庭是相当必要的，"对于这些人，我们会进行数据收集，在考核认证后严格把控，层层筛选后再推出"。

打造民众健康生活的"过塘行"，於兴友从未忘记自己的初衷，他说："对于过塘行，我从来没有想过未来会有多大规模，我们希望的是，越来越多的人看到过塘行的e鹊视频后能纠正自己不健康的生活习惯，提升对自己健康状况的认知。我们要展现的是对生命的尊重。"

责任编辑/楼燕红

电 力 变 压 器 的 不 二 之 选

杭州钱江电气集团股份有限公司
HANGZHOU QIANTANG RIVER ELECTRIC GROUP CO.,LTD

◎地址：杭州市萧山区瓜沥镇光明工业园区　◎邮编：311243　◎电话：0571-82583928
◎传真：0571-82583716　◎联系人：罗小姐　◎E-mail：wendy800210@163.com

公司始创于1976年,专注开发、生产和销售电力变压器40年。系国家级重点高新技术企业、全国变压器行业十强企业。拥有国家级博士后工作站、省级技术中心和浙江省钱江电气变压器研究院。在国内拥有12家全资子公司或控股子公司,在海外设立销售公司。现有工厂面积25万平方米,固定资产4.12亿元,员工1400余人。

集团以电力变压器、电力节能器、高低压开关柜等电气工业自动化系统的千余种规格产品为主导产品,具有年生产变压器产品2000万kVA、高低压开关设备10000套、节能及滤波设备10000套的生产能力,年产值20亿元。集团多个系列产品填补国内空白,20多个系列节能产品获得国家级节能产品认证,拥有60余项国家发明和新型实用专利。产品广泛应用于国家电网、南方电网、中石化等大型发电和企业项目及全国城、农网改造和国家重点项目,并远销五大洲30多个国家和地区。

集团在杭州、北京、衢州、南昌等地均建有现代化产业园区,已构架起东西互补、南北联动,具有国际竞争力的大型企业集团;位于钱江世纪城的集团总部大楼即将投入使用,通过"内强总部,外拓基地"发展战略,推进区域产业结构形态向价值链高端转移,增强区域综合竞争力。

集团在同行业中率先通过ISO9001、ISO14001和OHSAS18001质量、环境和职业健康安全一体化管理体系认证,获得国际权威机构荷兰KEMA和意大利CESI的产品质量检测认证,并获得测量体系、企业标准化良好行为等认证,荣获中国机械工业质量管理奖、浙江省质量管理奖等荣誉。

建宏商品混凝土

◎地址：杭州市萧山区市心北路恒逸集团大厦六层　　◎电话：0571-82512756　　◎E-mail：lwb@longfei.com

TEL：0571-22885072

公司投产于1998年10月，是全省首家县级行政区创办的预拌混凝土企业，也是实行新资质标准后，首批被省建设厅核定为行业最高资质的贰级预拌混凝土生产企业，准予生产各种强度等级的混凝土和特种混凝土，企业现已通过ISO9001:2000质量管理体系认证。

企业为浙江省物产集团旗下的国有参股公司，有荣星、坎山2个搅拌站，5条生产线，年生产能力200万立方米，供应范围可覆盖整个萧山、滨江区及绍兴柯桥部分地区。

公司曾被评为中国混凝土行业优秀企业、浙江省混凝土行业优秀企业、杭州市优秀企业、浙江省工程建设放心满意推荐产品单位，并多次荣获萧山区百强企业和企业信用3A级企业，产品销量名列萧山区首位。

浙江萧山建宏商品混凝土有限责任公司

开　　源　　节　　流

杭州开元管件有限公司

NEW CENTURYPIPE
N FITTINGS

地址：杭州市萧山区坎山镇河西路278号　邮编：311243　电话：0571-82511479
传真：0571-82512890　http://www.hzkygj.com　E-mail：shenyuan123@hotmail.com

TEL:0571 8251 1471

40余年致力于开发和生产各种管件、阀门及便捷管道配件
率先通过ISO9001:2000质量体系认证
产品销往上海、北京、青岛及省内各地自来水公司

共　　享　　美　　好

浙江杭重科技有限公司 TEL/0571/2286/6879

Wufu Steel Pipe

  公司成立于1993年,专业从事建筑钢结构用钢管、电力输送工程用钢管、水煤气管道工程用钢管、机械工程用结构钢管和市政工程用钢管的制造,是集生产、经营、贸易、服务和技术开发于一体的专业性公司。注册资金3980万元,拥有固定资产1.6亿元,占地面积8.5万平方米。

  公司生产设备较为先进,检测手段齐全,拥有多条自动化程度较高的高频焊管生产线和埋弧焊管生产线。生产的钢管主要应用于大跨度网架工程、建筑钢结构工程(火车站、机场、体育场馆钢结构工程)、电力及超高压输配电工程、机械工程、跨海大桥、桥梁、市政管网、基础打桩、水煤气管道和公路建设等配套设施。在国家、省、市的多项重点工程及国际钢结构工程中,留下了公司产品坚实的足迹,特别是近几年的主要跨海大桥、桥梁都使用了公司的产品,如厦门演武跨海大桥、杭州江东大桥和九堡大桥等。

  公司系中国质量、服务、信誉AAA级企业,"五福"为中国驰名商标。

许家印管理方法论：
制度、流程与纪律

□ 刘学辉 高冬梅 张军智/文

7月22日，美国著名商业杂志《财富》发布了世界500强排行榜，其中恒大集团以704.8亿美元排名第138位，较2018年第230位的排名大幅提升近百位，力压碧桂园、绿地与万科，其不仅是中国第一大房企，也是全球第一房企。

由于为人低调，许家印很少对外公开阐述其在企业经营管理上的思想理念，导致公众过度关注他的首富光环，而忽视了其作为一个优秀企业家所具备的杰出商业才能。回归企业家本源，笔者在复盘了恒大集团从1996年创建至今的23年发展历程后发现，最惊喜的不是其位列世界500强第138位的商业成就，而是恒大创始人许家印无论在战略、运营、组织方面，还是在领导力方面都堪称一位管理大师，其用自己在恒大的亲身实践，为年轻创业者提供了一套教科书式的管理方法论。

在商业世界有一个亘古不变的规律，市场空间最大，最赚钱的行业往往会吸引社会上最聪明的一群创业者涌入。中国房地产行业即是如此，其集聚了中国最优秀的一批企业家，有万科的王石、万达的王健林、融创的孙宏斌、碧桂园的杨国强、龙湖的吴亚军……能在与这些优秀企业家的竞争中最终胜出，绝不是一件容易的事情，但有一个人做到了，他就是恒大的创始人许家印。

根据中国恒大公布的2018年财报显示，中国恒大2018年总资产18800亿元，营业额4662亿元，毛利润1689.5亿元，净利润783.2亿元，净资产3086亿元，现金储备2042亿元，这些核心指标均位居房地产行业第一。

除了营收排名大幅提升，恒大利润表现也极为出色，2019年也以56.5亿美元的利润排名第107位。

万科创建于1984年，万达创建于1988年，碧桂园创建于1992年，龙湖创建于1993年，即使融创中国的前身顺驰地产也于1994年创立，而恒大集团创建于1996年，甚至比许家印好友马云1995年创办中国第一家互联网商业信息发布网站"中国黄页"还要晚一年。作为目前一线房地产企业中成立时间最短，起步基础也最为薄弱的恒大集团却后来居上。

除了领先的房地产主业，恒大集团另外一个被外界熟知的是其旗下的恒大足球俱乐部。足球是中国人最看重，却又"最不擅长"的运动，但恒大足球俱乐部在连续7年获得中超联赛冠军的同时，还创纪录地两次获得业冠联赛冠军，创造了中国足球历史上一个几乎不可复制的奇迹。

笔者在研究全球商业案例时发现，在单个领域取得成功的企业不在少数，但同时在两个不相关领域都取得巨大成功的企业却极为稀少。如果一个企业能在两个不同领域都取得成功，那这个企业就绝不是因为幸运，而一定是在企业管理上有独到之处。恒大集团即是如此，其能在地产与足球两个领域均取得巨大成功，与其在企业管理上的核心能力息息相关。

— 战略 —

即使在同一领域、同一起点的企业，往往在发展多年后也都会出现截然不同的结果，导致这些企业不同结果的关键要素之一就是企业的战略选择，所以战略能力是衡量一位企业家优秀与否的最核心能力之一。在恒大集团的发展过程中，许家印将其战略上的才华发挥得淋漓尽致。

1996年，恒大成立于广州，当时只是一家只有七八名员工，没有资源、背景的小公司，在与广州本地已经很多颇具实力的地产企业竞争时，许家印选择了"小面积、低价格与低成本"的竞争战略，使得恒大第一个楼盘金碧花园在两个小时内便被抢购一空，收获了企业起步发展的第一桶金。之后，恒大继续坚持这种策略，迅速打开市场，做大规模，从2000多家房地产企业中脱颖而出，到1999年底跻身广州十强。

2004年，在广州市场深耕8年的恒大已经积蓄了一定实力，许家印此时不再满足于只在广州市场小富即安，其希望带领恒大实现全国

布局。但要实现全国布局，企业品牌、产品品质与用户口碑就变得至关重要，这时恒大最早选择的"小面积、低价格与低成本"战略就不再适用，于是许家印果断带领恒大转向定位"高品质、高性价比"的精品住宅。为此，2004年5月1日，许家印亲手砸掉当时一个项目耗资千万但不符合精品标准的中心园林，以展示恒大精品战略转型的决心，唤醒全体员工的品牌意识和精品意识。

为了推进精品战略落地，许家印还亲自带领恒大集团制定并严格执行6000多条"精品工程标准"，要求项目施工单位必须为全国前十强，所用材料均为国内外知名品牌，园林环境均按豪宅标准设计，成为中国房地产行业唯一一家实现全部精装修交楼的房地产企业，一举奠定了恒大"高品质、高性价比"的品牌形象与用户口碑，为全国布局奠定了基础。

恒大在1996年进入房地产初期与2004年为全国扩张做准备的不同阶段，采取了两种截然不同的战略选择，许家印开始初步展示出其在战略上的敏锐与果敢。创建初期以"小面积、低价格与低成本"为核心战略，这是恒大初创时的客观条件决定的，作为从零开始的企业，只有通过这种短快平的产品才能迅速打开市场、做大规模，完成企业发展最基本的积累。而要拓展全国，恒大首先就要确保产品品质，许家印没有画地为牢，而是大刀阔斧地进行自我变革，做出打造精品的战略决策。

在完成精品战略转型后，2006年恒大正式开启全国扩张战略，但出人意料的是，许家印竟公开宣称用"三年时间再造20个恒大"，这对当时尚未走出广州市场的恒大而言，简直不可思议，但已经做好准备的许家印胸有成竹。2006年当年，其便带领恒大相继进入了武汉、沈阳、重庆与成都4个城市，后又拓展到上海、天津等全国20多个主要城市，同时成功引进淡马锡、德意志银行与美银美林等国际战略投资者。

到2008年底，也就是恒大集团推进全国布局后的第一个三年，其各项核心经济指标较2006年均实现了10~20倍的超常规增长，基本完成了"三年时间再造20个恒大"的战略目标，并在接下来的2009年11月5日，在香港主板成功上市。这不得不让人佩服许家印在2006年时就敢笃定喊出"三年时间再造20个恒大"的远见与自信。

恒大集团2009年在香港上市后再接再厉，2012年，也是全国布局后的第二个三年，实现923亿元的销售额，进入城市、项目数量、土地储备、在建面积、销售面积、竣工面积与利润等重要经济指标均进入行业三甲。

但许家印没有止步于此，其在2013年1月4日召开的集团年度大会上，又提出了"到2020年实现销售额5500亿元、土地储备超过3亿平方米、解决就业超过200万人"的宏大目标。在当时，千亿元销售额对于大多数房产企业来说都难以跨越，5500亿元更是遥不可及的天文数字。

在2020年宏大目标的指引下，许家印选择了一条当时在外界看来极为惊险的扩张之路，其通过大规模举债获得资金，把举债获得的资金转化成土地储备，再把土地储备快速转化为物业，最后通过高周转将物业回笼为现金。这就是恒大曾经著名的高负债、高杠杆、高周转与低成本的"三高一低"战略。

今天我们一提到恒大，很多人都对其在2006年全国布局之后暴风骤雨的激进扩张印象深刻，第一直觉是许家印是一个冒险家，但大多数人都遗忘了许家印在1996~2006年整整10年一直保持着足够的战略定力，带领恒大集团始终聚焦于广州市场，极为稳健。

为什么许家印在恒大全国布局前后会形成如此巨大的风格反差？在这背后到底存在着什么样的逻辑？

1996～2006年，恒大创建之后的第一个十年，业务根基并不牢固，资金与资源也不充足，如果此时大举进行全国扩张，必然会给企业带来较大的经营风险。所以，许家印将恒大的战略重点确定为深耕广州市场，扎实内功，积蓄实力。

而2006年后的第二个十年，恒大集团一方面在团队、管理与产品上都做好了准备，构建起支撑企业全国扩张的业务基础，另一方面，房地产市场的大环境也给予了恒大集团全国布局的良机。如果这段时间选择保守，恒大集团将错过大发展的最好良机。许家印曾经看到很多企业由于懈怠，不上马项目而慢慢萎缩，甚为可惜，所以许家印此时坚定地选择了扩张战略。

结果证明，许家印一度受到外界巨大质疑的"三高一低"策略是正确的。2016年，恒大集团实现年销售额3733亿元，第一次超越万科成为行业第一。2017年，恒大实现年销售额5010亿元，土地储备达到3.12亿平方米，总资产17618亿元，解决就业220多万人，基本提前3年实现2013年初制定的2020年奋斗目标。如果不是冒险采取高负债策略，恒大集团就不可能快速完成全国性布局，也不可能获得日后大幅升值的丰富土地储备，也就无法取得今日的商业成就。

著名的商业观察家秦朔先生曾在《解读恒大模式：许家印"敢拼才会赢"》一文中评价，"如果许家印迷信任何一个商学院教程的要求，那肯定不会选择如此的负债之路，但也肯定不会有恒大今天的成功。许家印了不起的地方在于，当他看到中国城市化、土地财政和住宅产业化发展的大趋势，他认为这是百年不遇的超级机会，他不是将信将疑，不是且行且虑，而是全情投入，再难再险也无所畏惧，'走自己的路，让别人说去吧'。恰恰是这种企业家精神，最终将恒大引向行业巅峰"。

所以，我们不能用恒大第一个十年与第二个十年的巨大反差来简单定义许家印是激进还是保守，在激进与保守背后的本质是许家印对战略节奏的把握，其一直在基于用户需求、竞争环境、企业自身资源与能力，做最正确的战略选择。

在2016年实现5000亿元销售额，超越万科成为中国第一大房地产企业之后，外界都在期待许家印接下来会带领恒大集团以最短时间冲刺万亿元目标时，让人意外的是，许家印在2017年初的年度会议上，却给过去十年一直高歌猛进的恒大踩了一脚急刹车，首次提出恒大集团要从原来的"规模型"战略向"规模+效益型"战略转变，在经营模式上，从原来的高负债、高杠杆、高周转、低成本的"三高一低"，转向低负债、低杠杆、低成本、高周转的"三低一高"模式。

恒大集团的战略执行力也堪称企业典范，在确定了"三低一高"战略后，2017年全年，恒大集团累计引进战略投资1300亿元，偿还永续债1129亿元，并在2017年半年业绩发布会上，宣布执行土地储备负增长策略，即土地储备每年下降5%～10%，相当于1000万～2000万平方米土地储备，以降低土地费用支出，扩大盈利规模。

许家印在2017年踩下这脚急刹车时，外界还有很多人感到费解，因为按照过去风格，许家印会在接下来几年带领恒大冲击万亿元大关，彻底甩开与之胶着的万科与碧桂园，坐稳行业第一。但随着2018年中国房地产行业"寒冬"的到来，很多房地产企业在这次"寒冬"中遇到巨大危机，包括一向以稳健著称的万科也高喊"活下来"的口号，但得益于战略投资者引入与永续债的偿还，净负债率大幅降低的恒大集团很好地抵御住了这次危机的冲击，这时外界才开始理解许家印的前瞻与理性。

在2017年初，许家印已经敏锐地捕捉到中国经济去杠杆化的趋势，以及有可能出现的房地产政策调控对房地产行业带来的巨大冲击，

所以选择带领恒大集团回归稳健，避免不确定风险。

从此可以看出，许家印并不是一个冒险之人，也不是一个贪图虚名之人，而是一个理性的、前瞻的、善于把握节奏的战略大师，该进攻时绝不保守，该防守时绝不冒进。如果该进攻时选择了保守，则会让企业错失发展良机，如果该防守时选择冒进，则会让企业处于高风险之中。

另外值得一提的是，在地产主业大发展的同时，2010年，恒大集团在中国足球最低迷的时间，意外进入中国足球行业，连续7次蝉联中超联赛冠军，2次获得亚冠联赛冠军，成为全亚洲最成功的足球俱乐部之一。恒大足球俱乐部除了在战绩上的成功，其更大价值在于成为协同恒大集团在全国范围开疆拓土的一支奇兵，为恒大地产业务创造的品牌、营销等综合价值，远远超过俱乐部运营所需的资金投入。恒大在足球领域的成功引得很多其他地产商企业都挥舞支票，陆续跟进，但无一能再取得与恒大足球相提并论的成就。

从当下形势来看，中国房地产行业过去十年波澜壮阔的发展很难重来，但许家印与恒大的精彩故事还远未结束。2016年在房地产主业踩下刹车之后，许家印开始探索为恒大集团找到房地产行业之外的第二条增长曲线。不过对于恒大集团目前年销售6000亿元的规模，能成为恒大集团新增长曲线的产业，一定是与其当前体量匹配的大产业。例如粮油、乳业与矿泉水产业等之前恒大有所尝试，但一年销售只有几亿、几十亿元规模的产业都逐渐被边缘化。

在进行较长时间系统研究后，许家印最终将新能源汽车作为恒大集团的重点突破方向，并相继并购了多家世界领先的新能源汽车产业上下游企业，完成了全产业链布局。不仅拥有世界领先的整车制造能力，还拥有日本顶尖的动力电池技术，全球商用车和乘用车领域最先进的轮毂电机技术。

外界对恒大集团进入新能源汽车领域存在很多不同声音，但了解了恒大集团过去23年的业务演进，就会更容易理解恒大进军新能源汽车领域的战略辑逻。复盘恒大集团的发展历史，我们发现许家印在具体的战略规划、战略节奏上一直应时而变，但唯一不变的是带领恒大集团持续向上的战略进取心。所以随着房地产行业遇到增长天花板，许家印势必会未雨绸缪，为恒大集团下一个十年、下一个二十年找到新的战略方向。

而当前，很多国家都制定了停售燃油车的期限，在未来很长的时间内，新能源汽车的产销量都将保持高速增长，是未来十年最大的商业机会之一。另外，新能源汽车是一个减少污染、造福人类、造福社会的环保产业，可以为人们幸福美好生活的提升做贡献，这也是许家印所看重的。

所以不管是从市场角度、环保角度，还是从社会责任的角度，恒大进入新能源汽车都是一个慎重而正确的战略选择。在完成新能源汽车布局后，恒大集团同时宣布，恒大的多元化产业布局已经全面完成，未来5年内，不会再涉足其他大产业。

— 运营 —

在中国商业界，其实不乏像许家印这种具有宏大战略格局的企业家，但能将宏大战略落地的企业家却极为稀少。在房地产行业的发展历史上，就有不少类似顺驰、绿城这种曾提出赶超万科，冲击行业第一口号的地产企业，但在大跃进过程中都很快出现了较大问题，核心是这些企业在支撑企业战略落地的运营管理上都存在严重短板。

当前，中国实现5000亿元销售额的房地产企业只有恒大、万科与碧桂园三家企业。近两年，即使碧桂园与万科也都不同程度地出现了一些质量与安全事故，而唯独恒大无论在产品质量，还是资金链上都没有遇到太大挑战。在这背后的许家印除了是一位战略大师，其还是一位管理大师。

所谓"管理大师"的许家印，不只深谙企业管理之道，而且其在细节的运营管理方法上也具有非常深的造诣。例如，其亲自带领团队构建的"目标计划管理""紧密式的集团化管理"与"标准化管理"，成为支撑恒大集团成为"宇宙第一房企"的核心运营管理体系。

一、目标计划管理

在一般企业中，目标管理和计划管理是两个相互独立的体系，往往在制订企业目标时缺乏详细计划作支撑，在制订计划时则没有目标做方向指导，导致无法起到真正的管理效果。许家印深刻理解这其中的问题关键，于是将目标管理与计划管理合二为一，要求制订计划必具有目标性，制定目标也必须考虑落地计划。

恒大的目标计划管理体系非常完善，其首先制定企业的发展战略和中长期工作目标，然后围绕企业的中长期工作目标层层分解，分别制订三年计划、年计划、季度计划、月计划与周计划，以年计划保三年计划，以半年计划、季度计划保年计划，以月度计划、两周计划、周计划保季度计划、半年计划。并对应计划制订量化到集团总部、量化到各地区公司、量化到项目、量化到岗位、量化到每一位员工的考核指标。

例如工程进度方面，2017年，恒大集团在建20层以上的楼宇高达8000多栋，但恒大对每一栋楼到月底达到的工程进度、对每一栋楼的优良工程达标率等，都进行了量化。除了工程进度和工程质量，恒大对开发报建完成率、销售完成率、招投标完成率、交楼完成率与维保修完成率等指标也进行了量化。另外，恒大集团的目标计划管理体系还制定了完善的表格模板，并通过数字化的信息系统可以实现每周例会查看当周各项指标的完成情况。

目标计划管理使恒大全集团人人有任务，人人有压力，全员为目标勤奋工作、努力拼搏，成为恒大强大执行力的秘密武器，也为恒大完善考核机制、激励机制和约束机制奠定了良好的基础。许家印曾在内部多次称，"恒大的目标计划管理机制是适应恒大模式要求，经过千锤百炼、反复总结后形成的独树一帜的管理精髓，具有特定的内涵，值得我们时刻保持和着力贯彻"。

二、紧密型的集团化管理与标准化管理

很多房地产企业在聚焦一个区域时发展良好，但只要涉及全国化扩张就会出现区域公司与具体项目的管理失控，这也是前文提到恒大为什么在1996~2006年整整10年深耕广州市场，而没有在全国范围进行扩张的核心原因。许家印的解决方式一方面是通过精品战略树立品牌与口碑，另一方面通过一套"紧密型集团化管理模式"来支撑全国扩张。

"紧密型集团化管理模式"是指恒大集团所有地产项目的项目立项、规划设计、材料供应、招投标、预决算、工程管理、质量管理、销售与交楼等环节都必须由集团总部直接严格把控，地区公司只负责执行实施，这种模式可以实现总部对区域项目的风险防控、成本控制与产品质量保证。

但同时这种集团总部对区域进行强管控的模式也存在一定的缺点，就是总部距离具体的区域市场较远，不了解当时的实际情况，经常导致决策迟缓，贻误战机，或者做出不适合当地市场的错误决策，导致项目直接失败，这也是为什么很多地产企业明知权力下放有可能带来管理失控风险，但又不得不将权力下放给区域。所以，在恒大集团，与紧密型集团化管理模式相协同的还有标准化管理模式。

"标准化管理模式"，即从项目选择、规划设计、材料使用、招投标、工程管理与营销

等各个业务环节都高度标准化、细节化和制度化，实现"照本宣科"即能达到优质水准。

例如在项目选择上，恒大集团将项目区位、规模、定位标准化。在材料使用上，要求建筑、园林以及装修工程等领域大批量采用标准材料。在工程招标上，各地区公司所有大型工程都由集团统一招标，参标企业必须是行业龙头或全国十强企业。在工程管理上，恒大集团通过标准化的工程建设计划模板及质量考核制度，对所有项目的各个建设节点进行严格的计划管理，对各项目每栋楼都进行进度考核、质量检查以及安全文明生产检查。在项目营销上，全国所有项目的营销方案、销售价格按集团统一标准进行审批实施，同时推行严格统一的开盘标准。

恒大集团将标准化管理模式发挥到最为极致的是在项目的规划设计上，其将恒大所有的项目按照产品定位划分为三大系列产品，其中高端系列是恒大华府，刚需产品系列是恒大绿洲与恒大雅苑等，旅游地产系列是恒大金碧天下，三大系列产品累计只有150多种标准户型。所以，我们观察恒大分布在全国200个城市的产品，每一个同名的楼盘项目外观看起来都几乎一模一样。

这套对每个员工要在什么时间，通过什么方法，按照什么标准，做到什么程度，完成什么样的任务都做出详细规定的标准化管理体系，大大降低了集团总部对项目直接管控的难度，使得恒大集团得以实现既能快速复制项目，又能确保精品质量，破解了全国布局的管理难题。恒大集团的定位即"中国标准化运营精品地产领导者"，其把标准化与精品地产放到并列的位置，可见"标准化管理模式"在恒大业务中的重要性。

许家印对恒大集团的整套运营管理体系也颇为自豪，他说，"恒大在管理战略上所设定的管理模式和管理架构，所实施的标准化运营模式和集中招投标、集中采购的供应模式，决定了恒大超常规跨越式的发展速度。恒大有今天这么高速的发展，正是公司在管理模式上的持续改善结出的硕果"。

— 组织 —

很多企业也在管理上倾注了大量精力，并高薪聘请专家制定了与恒大类似的运营管理体系，但这些管理体系却大多数没有发挥出应有效果，甚至成为这些公司的管理负担，造成组织混乱，这很大程度是因为企业缺乏运营管理体系落地的组织能力基础。

1. 人才

组织能力的核心根基是人才。许家印深刻地认识到人才在组织构建上的重要性，所以找到最优秀的人才一直是其坚持的重要理念之一。

在1997年恒大的第一次全体员工大会上，那时恒大才刚刚起步，许家印就明确了恒大队伍建设的标准，要求员工入职必须是本科以上学历、5年以上的专业工作经验，并且是勤奋好学的工作狂。

正是高标准的人才要求，让恒大得以构建了一流的团队。除了将这种人才至上的理念应用于地产业务，许家印也同样应用在恒大淘宝足球俱乐部。很多人不理解许家印在足球投入上挥金如土的行为，但许家印清楚只有最好的教练与最好的球员，才是恒大足球俱乐部成功的前提，所以在大牌教练与大牌球员引进上从不吝啬。

2. 文化

"橘生淮南则为橘，橘生淮北则为枳。"在中国很多房地产企业，也同样花重金招募到了行业内极为优秀的人才，但这些人才却无法在组织中创造出与薪资匹配的价值，很大程度是因为企业并不具备让人才释放出潜力的文化与制度体系。

文化与制度是除人才之外，构建组织能力的另外两个核心支点，许家印将这两者的力量发挥到了极致。

1997年3月1日，许家印带领恒大所有的20名员工，在广东西樵山召开了第一次全体员工大会。在这次全体员工大会上，许家印表现出了一个优秀企业家的潜质，当一般创业者都会把精力花在如何赚钱等短期问题上，而不会思考企业长远发展时，许家印竟然带领员工系统梳理了恒大的企业文化体系。

许家印对企业文化的重要性有非常深刻的认识，他说："企业文化是企业的灵魂，是推动企业发展的不竭动力，是构筑企业核心竞争力的重要组成部分，它深深熔铸在企业的生命力、创造力和凝聚力之中，是影响企业实力消长的长期性、基础性、战略性要素。"而在1997年，中国的大多数企业家还不理解企业文化为何物，或者根本不理解企业文化对于企业经营绩效带来的价值。

恒大企业文化体系主要包括恒大宗旨、恒大精神与恒大作风三部分。恒大宗旨是"质量树品牌、诚信立伟业"；恒大精神是"艰苦创业、无私奉献、努力拼搏、开拓进取"；恒大作风是"精心策划、狠抓落实、办事高效"。

恒大的企业文化并不是几句简单的口号，而是深深浸入恒大员工的血液，笔者在与恒大集团员工接触时，其身上的恒大文化痕迹都极为明显。更为神奇的是，许家印在1997年西樵山会议上确定下来的企业宗旨、精神与作风，至今一字未改，指导了恒大集团之后20多年的发展。

3. 制度

很多企业也梳理了系统的企业文化体系，但却没有起到效果，一方面是因为企业只是将文化当作口号，而没有发自内心对文化的敬畏与信仰。当企业的商业利益与文化价值观发生冲突时，往往会选择利益，无视文化，这就使得企业文化在企业内部不再被尊重。另一方面文化的践行，必须要有制度与纪律做保障，没有严格的制度与纪律做保障，文化也就成为空中楼阁。除了引导员工发自内心对企业文化的信仰与坚持，许家印还通过制定严格的制度与纪律来保障企业文化的落地。

在1997年的西樵山会议上，除了梳理文化体系，许家印还完善了恒大从严管理的各项规章制度3000条，包括约束机制、激励机制等各方面要求。2004年，许家印亲手制定了《恒大员工行为规范》，简称企业的"十六字方针"。2005年，许家印又制定了恒大《员工修身准则》，从小至通信畅通与会议着装，大到索贿、受贿与泄露公司机密，共设置了四大类，36项严格规定，简称"三十六条"。如果员工触犯其中的规定，会根据不同类别分别给予通报批评、降职处分、免职处分与直接开除的处罚。

很多企业的制度都流于形式，但在恒大集团，制度就是铁律，不会因人而异，在恒大内部流传着很多关于纪律的故事。据说，当年有位五六十岁的副总裁犯了错误，许家印让这位副总裁当着集团几千人的面做检讨。早期，许家印有一位远亲在恒大任职，这位亲戚利用职务之便，贪污了30多万元的公款，许家印坚决将其移送司法机关，被判了有期徒刑。这些案例都给其他员工很好的警醒，警醒大家不要去挑战制度的权威。

除了详细的规章制度条文，许家印还成立监察室、打击办、巡视一室至巡视六室、金融稽查中心、管理及监察中心、招投标监察中心、预决算审计中心与财务审计中心等专业的监督检查部门，以保证各项制度贯彻执行。

许家印不仅将严明的纪律应用于地产业务，还将其应用在恒大足球俱乐部的管理中。

2011年，恒大刚升上中超，就颁布了严格的"五必须""五不准"和"五开除"管理规定。2016年，在"三五"队规的基础上，恒大俱乐部推出升级版的"三六"队规，即"六必须""六不准""六开除"。2019年，又在"三六"队规的基础上进一步细化，升级为3大项共27小项的"三九"队规。

例如，在"九必须"中，除要求球员有强烈的荣誉感、责任感、团队意识、进取心，要严于律己、努力学习、刻苦训练、奋勇拼搏，同时还要求球员必须尊重对手、尊重裁判、尊重球迷、尊重媒体。

在"九不准"中，不准球员违反赛风赛纪，迟到早退，怠训旷训，私自泄密，擅自发表不当言论，拉帮结派，相互攻击，也不准球员与教练组相互吃请、送礼，与俱乐部管理人员有任何私自联系以及与外界有任何不必要联系。

在"九开除"中，球员如有挑战主教练权威者，联赛期间抽烟、喝酒者，使用违禁药物者，严重违反作息要求者，参与假球、赌球者，长期消极比赛者，严重损害公司品牌形象者，严重违背职业道德者，有任何违法犯罪行为者均给予直接开除处理。

历史上有很多大牌球星云集的足球俱乐部，但最终却没有取得好成绩的案例，其关键症结在于大牌球员经常凌驾于组织纪律之上，导致球队一盘散沙，无法释放出战斗力，而恒大完全杜绝了这种现象。

恒大足球球星郜林在一次比赛中出现冲动犯规，正在看直播的许家印马上打电话给俱乐部负责人，要求按照规定，对郜林处以3万~10万元的罚款。

在2018年中超联赛上半程，恒大外援阿兰因为恶意犯规，遭到足协停赛8场的处罚。对此，许家印要求球员在赛场上必须无条件服从裁判判罚，面对对手挑衅也必须做到打不还手、骂不还口，成为有职业素养的高素质球员。凡敢于违反赛风赛纪的，一定要被严厉处罚。

正是恒大足球纪律严明的文化，董事长领导下的主教练负责制以及重奖重罚、从严管理的俱乐部管理模式，让恒大足球的大牌球员凝聚成一股力量，成为一支战无不胜的铁军。

要想理解许家印对于制度与纪律的重视，需要回溯了解许家印在创建恒大之前的经历。生产制造业是管理最为复杂，也最为严谨的行业之一，许家印1982年大学毕业后，曾在河南省舞阳钢铁公司任职10年车间主任。生产制造业的长期熏陶，让制度、流程与纪律等理念渗透到了许家印的血液。

领导力

领导力的核心是让员工愿意跟随的能力。近些年来，领导力开始在管理学中被作为一个重要的管理课题进行研究，这是因为管理专家越来越意识到企业家的领导力，是人才得以引入，文化与制度得以执行的基础。如果没有领导力，再好的战略规划、再精细化的运营管理机制也都成为无源之水。

恒大集团作为一家近20000亿元资产，十几万员工的大型集团企业，就像一艘航行在汪洋大海中的航空母舰，其得以快速、稳定的航行，离不开"舰长"许家印的领导力。企业家的领导能力一般有两个核心来源，第一是业务能力，业务能力指的是带领团队打胜仗的能力，前面提到的战略能力、管理能力与组织能力属于业务能力的范畴，第二是企业家的人格力量。

许家印在工作中是一个拼命三郎，其曾在接受媒体采访时说："万科的王石、富力的李思廉和张力都是我学习的榜样，我相比他们没有优势，但是我一定比他们辛苦。这么多年来，我没有度过一天假期。"许家印认为，自己一旦离开了勤奋，就将一事无成。

除了勤奋，许家印还具有强大的自律。无论恒大制定什么样的规章制度，许家印首先就会想到自己是否能够做到。如果感觉自己办不到的事情，他就坚决不写进制度的条文之中，也不会要求别人做到。而如果感觉自己能办到的事情，他就支持写进制度的条文之中，自己一定照此执行，并希望全公司员工向他看齐。

很多企业也有着严明的纪律，老板也很勤奋与自律，但这种严明的纪律依然让员工怨声载道，导致管理混乱，根本原因是这种严明纪律背后是企业老板对员工利益的漠视，发自内心的自私、苛刻以及员工的不信任，导致员工内心不愿服从。而恒大虽然纪律严明，但公司员工却高度信服，在这背后是许家印对员工发自内心的高度关怀。

据悉，恒大集团的薪资水平一直处于行业前列，其招聘大学生的薪资为全国大学生平均水平的2~3.3倍，为同行业大学生平均水平的1.5~2.5倍。在员工福利投入上，恒大集团更是从不手软，班车、宿舍、食堂……一应俱全，力求让恒大人衣食住无忧。

另外，恒大集团在员工的股权激励上也极为慷慨。2009年，恒大集团在香港证券交易所上市时，便推出占当时已发行股本10%的股票期权激励。2010年5月18日、2014年9月10日，进行了第二次和第三次股权激励，分别授予135名和101名高管共12.43亿股股票期权。2017年10月6日，恒大集团又将股权激励扩大到更广的员工范围，共计7994名中高层管理干部获得7.4357亿股期权。恒大集团自2009年后，股价已上涨数倍，这让早期参与到股权激励的核心员工都收益颇丰。

近日，许家印在地产集团领导班子学习会上，对领导班子着重提出了"三个负责"的要求，其中第一就是对员工负责。许家印要求领导班子成员必须关爱、关心员工，保证员工的福利，不断维护和提升员工的幸福感、获得感、自豪感。同时，还要求高管要对家人负责，个人的发展成长离不开家庭的全力支持。大家的社会地位越高、工作越忙，就越要争取家人的理解和支持，每个人都要以高度的责任感不断提升家庭的幸福感。

公众往往从恒大集团迅猛扩张的表象来看，认为许家印是一个冒险激进的人，其实他是一个极为理性、稳健的掌舵者。从恒大集团的严明纪律来看，公众也会认为许家印是一个冷酷的领导人，但了解许家印的内部员工则会评价，"许老板其实是一个对员工、对社会非常温情的人"。

许家印对员工的重视与关怀，也与其过往经历息息相关。1992年，时任舞阳钢铁公司车间主任的许家印由于变卖公司废料，为职工提升福利而被公司上级调查，导致34岁的许家印被迫离开舞阳钢铁公司，前往深圳进入中达集团工作。1994年10月，许家印为中达集团开辟广州房地产市场，在广州成立鹏达房地产公司，并运作了第一个房地产项目"珠岛花园"，该项目为中达集团净赚2亿元。但1996年5月，月薪只有2000元的许家印与中达集团老板协商涨薪一事却被拒绝，许家印决定从中达集团离职，创建恒大。在舞阳钢铁车间管理的经验，让许家印深刻意识到制度与纪律的重要性，而在中达集团的经历，让他深刻理解人才与员工关怀的重要性。

在恒大足球俱乐部，许家印亦是如此，其要求俱乐部"务必要用铁的手腕治理俱乐部，从严管理"之前，首先要求俱乐部"务必要关爱每一个球员，每一个俱乐部员工"。虽然当球员违反队规时被处以重罚，但在球队取得成绩后同样会重奖，所以恒大足球俱乐部的教练、球员都对许家印高度信服。

例如，许家印在恒大足球俱乐部冲超成功后的第一个赛季，出台了一个巨额奖金政策，中超单场赢球奖励500万元，平球奖励也有100万元，这一赛季，恒大共发出了1.02亿元的巨额奖金，也激励恒大在进入中超的第一个赛季便收获冠军。2012年3月7日，恒大客场挑战韩国K联赛冠军全北现代队，许家印特地给球队主帅李章洙打了一个电话，让李章洙向球队宣布他新设立的"为国争光奖"的奖金标准，每个净胜球给予200万元的奖励。在这样的重赏之下，恒大队员拼劲十足，最终以5:1的比分战胜了对手。

在恒大夺得亚冠之后，队长郑智就曾在接受采访时深情地表达对许家印的感激之情，他说，"感谢许教授，他教会了我们什么是冠军的含义"。

外界很多企业家也都在效仿恒大的严厉制度，而忽视了许家印以身作则的勤奋自律，忽视了许家印的赏罚分明，忽视了许家印将员工视为兄弟，致力于让他们过上更好生活的真诚。这些共同组合起来才构成许家印强大领导力与恒大强大执行力的源泉。

— 结语 —

恒大集团创始人许家印为人低调，很少对外公开阐述其管理理念，又由于他的"首富"身份，导致公众过多地把目光关注在其巨额的财富数字上，而大大忽视了许家印作为一位优秀企业家在企业管理上的杰出才能。笔者对中国很多优秀的企业家都颇为熟悉，但最近在研究完恒大集团的案例后，笔者认为许家印是其中最被低估者之一。

在战略上，许家印永远保持着持续向上的战略进取心与宏大的战略格局。在制定具体战略时总是能够基于对企业内外部环境的系统研究与深度思考，做出最正确的战略选择，并在进攻与防守的战略节奏上拿捏得恰到好处，大开大合。

在运营管理上，许家印化身一名深入细节、注重实效的管理大师，针对房企痛点，设计了目标计划管理、紧密型的集团管理与标准化管理三者精妙协同的系统管理体系，构建了支撑恒大集团宏大战略落地的管理基础。

在组织构建上，许家印将人才、文化与制度的力量发挥到极致，构建了让恒大集团运营管理体系得以顺畅运转的组织能力。

在领导力上，许家印凭借以身作则、以诚待人的人格力量，吸引到最优秀的人才长期跟随，让严明的组织纪律得以贯彻执行。

上述涵盖战略、运营、组织与领导力的管理实践，层层递进，相互勾稽，堪称一套教科书式的企业管理方法论。并且这套方法论经许家印在恒大集团的亲身实践，不仅成就了"宇宙第一房企"，也成就了中国足球历史上最优秀的俱乐部。如果年轻的创业者能深刻理解并践行这套管理方法论，一定会受益匪浅。

前不久在恒大新能源汽车产业中高层管理会议上，许家印又提出力争用3～5年的时间，成为"世界规模最大、实力最强的新能源汽车集团"的宏伟愿景。此愿景一出，就像13年前外界听到许家印提出"三年再造20个恒大"一样，不可思议，但许家印仍然像13年前一样底气十足。

笔者认为，许家印的底气除了源于恒大的资金实力以及在新能源汽车领域完成的完整产业链布局，更源于其在地产与足球业务上已经得到充分验证的教科书般的管理方法论。

高超的战略才能、精细化的运营管理，最优秀的人才、实效的企业文化、严明的组织纪律，再加上以身作则、以诚待人的领导力……这都让我们相信许家印能带领恒大新能源汽车续写恒大传奇。

责任编辑/沈丽萍

Opinion 观点

马云：
担当，从教育开始

[编者按] 7月15日，2019"马云乡村人才计划"起航典礼在杭州师范大学举行。参加典礼的有：2017届、2018届马云乡村教师计划的获奖教师；2017届、2018届马云乡村校长计划的获奖校长；2018届马云乡村师范生计划的入选师范生。

马云在典礼上致辞，表达了对教师和教育的思考。

让我们一起来看看他的观点吧。

○ 有知识和会教学是两回事

老师是教育孩子的,但是怎样让老师变得真正会教育?有知识和会教学,那是两回事情。

其实这个问题我想了很久,可以追溯到我在杭州师范大学读书的时候。

那时候,我们基本上完四年本科以后,在学校里实习一两个月,就到讲台上去讲课,教学的本领主要是靠自己悟出来的。但是我想语文老师除了要把语文学得很好,更多的时间应该去学习语文或者数学以外的东西。教学的技能、课堂的组织、孩子的心理……要多学习这样的内容。

所以,老师不光要学习教什么,重点要学习如何去教。

○ 要给孩子最好的教育,首先要给老师最好的教育

马云乡村教师计划实施的第一天,我们在想,如果我们要给孩子们最好的教育,首先要给老师们最好的教育,我们应该在老师的培训、老师的成长上下功夫。

我听说有一位校长,从以色列游学回来,他在以色列的时候,到了死海去体验一下,死海的水非常咸,他呛了一口水,结果喝了五瓶矿泉水,才把咸的味道给洗淡了。

当他回来给学生们讲科学课、浮力的时候,就讲了这五瓶矿泉水的故事,所有同学们听得津津有味,更加有生活体验。

其实,老师的眼界就是学生的眼界,老师的胸怀就是学生的胸怀,老师的情绪也是孩子的情绪。

○ 教育需要有勇气、担当和判断

教育的背后是学校、老师、家长,还有社会的担当,如果我们要教给孩子们的是责任和担当,那么教育首先必须有责任和担当。

教育需要有勇气、担当和判断,我们要知道什么是真正为孩子们好、为孩子们一辈子负责任。

我前几天在网上看到了一个山西的地理老师,带着孩子们骑自行车到上海的新闻,我相信很多人也看到了。在老师还没有出发之前,他的同事、他的校长都非常紧张,家长都已经气得进了医院,但是我心里特别佩服这个地理老师。

在今天,很多老师的压力非常大,学校的压力非常大,我相信谁都怕担责任,但是这个地理老师依然有勇气带着孩子远行,我心里非常佩服。这个年轻的老师为了孩子们的未来,为了他们有探索未来的能力,而做了这样的决定。

经常有人说,现在不合格的老师很多,其实不合格的家长更多。没有不合格的学生,只有不合格的老师;没有不合格的孩子,只有不合格的家长。

过去我们担心孩子变成了温室里面的花朵,而现在越来越多的家长,是把孩子放在无菌室里面进行培养,这样是害了孩子。

○ 教育最大的挑战,是去应对未来的不确定性

最近也有很多关于老师惩戒学生的探讨,我在网上也关注到了。

教育有油门,有油门的东西就得有刹车,惩戒就是教育的刹车。

不是老师要惩戒学生,是规矩要惩戒那些学生,学生不是向老师低头,而是要向规则低头,要向真正良好的、有价值观的素质去低头。

教育最大的挑战不是知识,而是如何去应对未来的不确定性。

我和以色列教育部部长探讨过这个问题,以色列的小学生有野外生存、沙漠生存的课程,孩子们会有危险,但是教育不是确保孩子没有危险、不出问题,教育是为了教育孩子们未来如何

去面对危险、如何去面对问题。

◯ 老师的责任，是让每个孩子做最好的自己

素质教育是我们追求的方向，但是素质教育不是低质教育，素质教育不等于可以放松教育的标准，素质教育并不等于教育不需要严格。

科技的变革、技术的发展必须要让教育有所变革，老师的担子非常重，老师的责任就是让每一个孩子发现世界的同时去发现自己，并做最好的自己。

我想要让每个孩子不仅仅学会知识，更要学会配合、学会团队、学会担当，这是我们的人才计划最需要思考的，也是在座所有老师需要思考的。

不管有一天机器人多么聪明，人工智能让机器会唱歌、跳舞、下棋、打球，甚至很多技能会超越我们人类，但是我们依然喜欢听我们孩子们的歌声，因为他们有温度。

不管我们的机器人打球水平怎么超过人类，我们依然希望看见自己的孩子去打球，因为那里有欢笑。我们更希望我们的孩子们喜欢下棋，因为下棋是能让他们感到骄傲和挫败感的教育。

◯ 未来，国与国之间的竞争是教育的竞争

未来，国与国之间的竞争是教育的竞争。我们国家今天的经济成就、社会发展，离不开过去三四十年来，我们对教育的重视和对教育的投入。

未来中国最重要的资源是什么？2018年全国有1500万新生儿童，这1500万孩子的脑矿比什么都宝贵、比什么都重要。1500万儿童的教育模式、内容，决定了我们这个国家30年以后的竞争力，决定了每一个家庭和他的子孙后代的能力。

◯ 希望优秀资源能够更多地放在幼儿园、小学和中学

一个国家的教育水平不只是看发达地区，而是要关注落后地区，一个社会的进步不仅仅在于有多少精英阶层，而是在于底层素质如何。

教育资源必须要前倾，并且要往下沉，我们希望优秀资源能够更多地放在幼儿园、小学和中学。

◯ 只有乡村的教育好了，中国才有希望

我们坚信只有乡村好了，中国才会好，只有乡村的教育好了，中国的未来才会有希望。

我特别感谢今天坚守在全国偏远地区的乡村老师们，你们的努力和付出正在改变着这个国家，我们很荣幸能够跟大家一起参与中国未来教育的改革和发展。很荣幸跟大家一起改变农村的教育。这100名乡村师范生以及将来更多的乡村师范生，你们的努力、你们的创新、你们的变革、你们的关爱和你们的温暖，将会给教育带来更多改变。

农村教育一定是因为你们而更有未来，因为农村很多孩子是放养的，很多人讲农村教得没有城里面好，但是我相信在农村，教育的机会可能会比城里更好，教育改革的机会可能会比城里更好。

最后我还是想在这里谢谢所有校长，刚才听校长代表的发言，我坐在那儿无比感慨，我们希望更多的校长能够到城里进行培训，到海外进行学习，打开自己的视野。

我还是要深深感谢所有坚守乡村教育的老师们，你们让我们对这个国家更有信心，让这个国家的未来更有希望。我们也感谢所有年轻人，你们的付出一定会有回报，孩子们的欢笑、孩子们的成长就是你们的成长、你们的欢笑。

责任编辑/沈丽萍

稻盛和夫：
人生因思维方式而改变

【编者按】 2019年7月17～18日，第27届盛和塾世界大会在日本横滨国立大礼堂举行，来自世界各地4800名塾生会聚一堂。会上，88岁高龄的稻盛和夫先生以《如何对员工讲述经营哲学》为题发表了演讲。

以下是演讲稿摘要：

应京都经营者的要求，从1983年开始，盛和塾不仅传播到日本各地，而且也传播到了世界各国，现在分塾已经超过了100个，并且有15000多名塾生在学习我的经营哲学，为提升企业经营效率，实现员工幸福，不懈努力。

对此，我感到非常的高兴，同时也感慨万千。

现在，面对会聚一堂的塾生，我作为塾长，直接给大家讲话，这是最后一次。

在这次大会结束前，我想以"如何讲述哲学"为题发表讲话。

"哲学"不仅经营者自己要实践，还要与全体员工共有。这个问题的重要性我讲过多次，很多塾生也是努力这么做。

但同时，哲学在员工中渗透不了，有的员工很抵触，这类声音依然不绝于耳。

当然，其中的原因，每个企业都各不相同。但我认为根本原因是经营者自己没有理解，为什么要和员工讲哲学，如何讲哲学。

所以今天我想讲一讲作为经营者在与员工共有哲学时很重要的几个问题。

首先，什么是哲学

我想在此回顾一下这个问题。我的人生哲学，经营哲学，做了哪些尝试。

京瓷哲学，要追溯到松风工业。

在恶劣的研究环境中，为了获得成功的研究成果，应该以什么心态对待人生和工作？我每天每夜都在认真思考，自问自答，烦恼不已。

同时我把自己思考和领会的东西记在笔记本上。

在创立京瓷以后，我又将记录思考的工作笔记本拿出来，并添加新的经营领悟。这就是我人生和经营哲学的原型。

归纳整理，这些就是我的哲学原型。

这些笔记本保存下来，记有这些话语：

做事彻底、谦虚谨慎、全身心投入。
不怕困难，努力就不会落后于常人。
人而为人，不厌烦地努力，持续努力。
相信人的能力是无限的。

这是构成今天哲学的核心概念。

我将自己的这些信念和思维方式在工作中实践，同时努力与员工共有。

我这么做绝不是出于利己动机，不是为了提升业绩或者让自己轻松。

我说服京瓷的员工们接受哲学，是一种纯粹的动机，让员工获得幸福。以这样的方式为人处世，就能度过充实而幸福的人生。

正因为这些信念，我才希望更多的人理解这种哲学。

但是我发现，有的经营者有误解：他们把哲学视为行为规范，让员工服从公司，或者说把哲学作为驱使员工工作的工具，这是完全错误的。

如果把哲学当作个人或公司提升业绩的手段，不可能获得员工的共鸣，哲学也就无法渗透。这是不说也能明白的道理。

即使在表面上为了员工的人生幸福，但只要心中还有自私和轻松的念头，不知不觉就会传递到员工心中，员工很快就会看透。

作为公司领导人，心中所思所想，不说也会传递给员工，产生强大影响。

总之，必须从心中发出强烈的愿望和爱，以发自内心的信念和真挚口吻告诉员工，只要有这样的态度，就一定能度过美好人生。

首先你们要先通过亲身经验去实践哲学的力量，这是很重要的。

年轻的时候我经历过很多痛苦，以及两次失败，还得过肺结核，也没能进我想进的公司。

后来一心不乱，投入工作，潜心埋头研究。我的人生从此进入了良性循环。

1959年，我赤手空拳创立了京瓷，第一年盈利之后持续发展。京瓷现在已经成长为销售额16000亿日元规模的企业。

1984年，KDDI，开始不利，但业绩持续领先。现在已经成长为日本最具有代表性的通信运营商之一。

2010年，我参与了日本航空重建。

2012年上市，我顺利完成了任务，从今以后的日航至今持续高收益。

在我超过80年的人生，我曾经获得过好几次超越想象之上的卓越成功。

我认为这样的成功绝对不是因为运气，也不是赶上了时代的潮流，我之所以获得如此的成功，是因为哲学具备的力量。我深信这一点。

为度过美好的人生，纯粹的思维方式具有强大的力量，从而带来美好的命运。

在20世纪初，英国伟大的心灵导师詹姆斯·艾伦说：不论是眼前的目标还是人生目的，心灵纯洁者更容易成功。

为什么美好心灵的哲学能有这样的力量？因为这个世界上流淌着宇宙的意志，引导一切事物向着美好的方向前行。

只要与宇宙潮流相一致，就能成长和发展起来。

或者也可以做这样的比喻：人生在大海上航行，首先要依靠自己的力量拼命划船，同时还需要伙伴的帮助，但仅仅这些还是不够的。只有靠"他利之风"才能到达彼岸。

破洞的船帆，无论风力如何强劲，也无法获得动力。与此相反，纯粹美好的风帆，就能乘风破浪。

理解哲学，就是扬帆起航。目的是为了接受在世界流淌的他利之风。就是磨砺自己的心灵，让它变得美丽和纯粹。

如果能这样来理解哲学的力量，员工抵制，完全可以理直气壮讲：

"我并不是毫无根据地强制大家接受哲学。我从年轻时就认为，人生虽然变化不定，但是人可以度过充实和美好的人生。怎么做才能实现这个愿望我一直在不断思考：人生因思维方式的改变而改变。"

我把自己体悟的正确的方式归纳成哲学，公司得到发展，人生也得到拓展。由此可见，哲学一定不错。哲学已经被结果所证明。哲学不仅能对企业发展做贡献，还是让人生充实和幸福的真理。"

我就是这样直言告诉员工的，企业的价值就是让员工幸福。

我认为讲解哲学的前提：首先理解和相信哲学所拥有的伟大力量。

对自己都不相信的东西，不可能满腔热情地传递，就算传递也不能说服别人。

只是"理解"是不够的，要使它成为自己的信念，并且付之于实践。

哲学大师安冈正笃提出：知识→见识→胆识。人为了生活，需要各种各样的知识。

但是仅仅有知识没有实际的作用，必须把知识提升到"无论如何也要这样"的见识，进而提升到"不管任何阻力，也要把见识付诸行动"的胆识。

有言道"读论语而不知论语"，"读哲学而不知哲学"。

很多人自以为懂哲学，不过是自以为是。没有提升到信念高度，也就无法传递。

只有变成见识和胆识，才能融入员工心里。

经营者应该怎样对员工讲述哲学

1. 对于要讲述哲学的经营者要求

在开始阶段，可以模仿我，把我所讲的哲学根据自己的理解原原本本向员工转述。立刻血肉化，迅速付诸实践。鹦鹉学舌的情况占了一大半。

我猜想，作为经营者对于人生观和劳动观的话题，方法不清楚。我是怎么想的只能说些半生不熟、不痛不痒的话，如果讲的是陈词滥调，可能还适得其反。不如用我的话原汁原味告诉大家，这样就有了权威性。在开始阶段这样做就可以了。

在这个过程中，自己也要拼命学习，反复读我的书籍和材料，用这样的方法学习，潜移默化，我的思维方式就会变成你的东西。若干年后就会变成你们自己的想法。这时再说"我是这么想的"，不会犯错，还能打动人心。

我自己以前就是这么做的，我直接用松下、安冈、中村的语录，到后来自己也能阐述哲学。

2. 要自己率先实践

自己如果不付诸实践，员工很快就会看透，反而增加不信任感。

这种情况说明经营者的态度还不足以让员工尊敬。

公司挂着很多匾额，但社长干着相反的勾当。无论社长讲的哲学多么高尚，也无法让员工共鸣。

晨会：我会带头付出不亚于任何人的努力。

下午：自己休闲娱乐。

哲学不是为了驱使员工，经营者要率先垂范。

经营者要严格自律，不间断地提升自己的人格。员工看到这样的榜样就会产生共鸣，并跟着实践哲学，为公司的发展尽心尽力。

毫无愧疚、真挚地实践哲学，必要时可以毫无顾忌、使用严厉语言批评员工。

对工作马虎的员工：

"为了包括你在内的全体员工的幸福，每天早晨我都是第一个上班……从产品开发到销售我都全力以赴，忙得不可开交……我这么……你却……你是怎么想的？好意思吗？为了你的同事家庭，你得好好干！"

如果很多顾虑，说话客气，谈哲学也会四平八稳，想有效果就很困难了。

不要介意得罪人。实践哲学比任何人都认真。

在公司中，经营者必须是最辛苦的，只要做到这点，员工就一定会追随你。

行动值得尊敬并持之以恒，员工就会认同，并且也激励自己实践哲学。

3. 用发自内心的真话与员工交流

经营者要率先成为实践的人，但是有的员工冷眼旁观，觉得只是在说漂亮话。

经营者一定要对这类员工进行真诚的谈话，如果放任不管，他们的情绪就会不断蔓延，产生负面影响。

怎么样与他们真诚对话呢？最好的办法：利用空巴——恳亲会。

千篇一律的话，展现一本正经的对话没人听。如果互相斟上一杯酒，就会触及心弦。所以很早我就经常使用空巴（来源于日语，本意类似"喝酒的聚会"，用于企业中可理解为是一种"酒话会"，即企业全体在工作之余，通过喝酒聊天、畅想未来等形式，在非工作场所，摘掉"面具"，放松地说出自己的真心话和不满，构建领导与员工心与心的交流，实现目标共有，从而达成全员一心）。

京瓷规模小，经常出席空巴，其中最大的活动就是忘年会，大概1000人，所有忘年会我都全部出席。讲一声"拜托了"，到各桌斟酒，诉说梦想。

如果有态度，我马上就会觉察到，我会说"你有什么不满吗？"最开始都说没有，但只要稍稍刺激下，就会说出来。

有的是因为公司对他们关心照顾不够的问题，而80%的人都是因为自己很偏执。"等一等，是你自己的人格扭曲了吧！对，就说你了。"然后开始说教。

心中烦恼，只有吐露真心才能对症下药。不打不相识，一顿说教后大大增进了关系。

对拼命工作的人，诚挚赞扬；

对错误的人，明确指出"是你错了"；

被指出错误"果然由你所说，我马上反省改正"。

这正是一个修炼场。我一贯采用这样的方式与员工沟通。在世界各地都是。

我把哲学细细咀嚼，认真解读。"我的出发点是为了你们的幸福，哲学就是为此的指针。做人就要做品德优质的人。"

花费一天，掏心掏肺解答，直到对方真的接受这样的哲学。

最后有人提问："您讲的都是爱什么的。但三四年前有京瓷代表报告，看到他好不容易扭亏为盈，你还予以训斥。是不是和你说的自相矛盾？"

我必须堂堂正正予以反驳："是的，情况确实如您所说，当时我态度冷淡。但是为什么冷淡？持续亏本后做出了利润微不足道，历年积累的亏损额很大。表扬当时也许他会很开心，但是之后自满怎么办？让员工幸福，不仅要有利润，还要扩大。这点利润是不能做到的。他可能会沮丧甚至恨我，但为了他的人格成长，我必须这样。"

第二年利润出来了，才应该表扬。

为了带动团队而说话，就要直截了当。

不要害怕，要到员工中去，要自然，不要装模作样。要动脑筋思考要什么形式。

我自己采用空巴。你们要结合自己的情况，采用适合自己员工的具体方法。

4. 经营者要保持与员工一起持续学习的姿态

不管如何坚信哲学力量，也不可能实践得完美无缺。

经营者也是人，要不断去接近，哪怕只是一小步，人生就会有很大不同。做思考和不做思考的人，是完全不一样的。

不是领悟和不领悟的问题，而是是否愿意去领悟的态度。

作为经营者应该坦率地说：

"我要大家学哲学，好像我自己很了不起。其实我自己也没有很好地去实践哲学，直到现在，我也没有完全实践哲学，从这个意义上讲，我只是一个书生和小和尚，所以我要用我的一生去实践……但这不代表我没有资格讲哲学。做人做事本来就应该这样，我希望员工成长，让公司成长，让员工幸福。"

采用这种态度说话，是非常重要的。

但是持续努力的行为本身才是尊贵的，希望塾生们不要自以为是，要与员工一起反复学习，这一定会在大家心里产生反响，一起实践哲学。

哪怕只是一名员工实现幸福，经营者就会获得幸福，这才是最大的喜悦。

哪怕他离开公司，只要他实践哲学，走在幸福美好的人生道路上，也是好事。

"你不留在京瓷也行，只要按照正确的人生观去生活和工作，就能拥有幸福人生。"

公司自然获得信任，员工离职率降低，员工积极性提升，获得长远的发展。致力于这种发展的塾生们也一定会获得幸福。

如此众多的经营者，愿意为了员工幸福如此努力学习，这样的组织举世无双。

在2019年12月底，盛和塾就要落下帷幕了，但是使命不会改变。这不是终结，对各位而言而是新的开始。

以前都是我作为塾长对大家讲话，以后大家要学会自问自答。我希望大家把实践哲学的圈子扩张到公司、家庭、社会。

我相信在盛和塾中点燃的哲学之火不会熄灭，会在各位手里照亮全世界。

在讲话中我也提到了，盛和塾的书籍、资料不少，大家也很容易看到我的资料。稻盛资料馆保管了我的很多信息和有关资料。

该说的话我已经说完了，我讲话的记录都保存下来了，大家随时都可以学习。

创办盛和塾最让我高兴的是，听到大家的心声："没有参加盛和塾，我的公司或许已破产。公司得救、员工没有流落街头。"听到这样的话，我就觉得盛和塾能够坚持到今天真是太好了。

更多的经营者能够把握好经营之舵，就能给企业带来幸福，这就是我的动机。

之所以能够持续到今天，完全在于愿意倾听我讲话的塾生们的存在。

他们的愿望支撑我把盛和塾维持到今天，在某种程度上，我是靠大家的帮助才度过了美好的人生。

借助这个盛和塾，无缘与我直接见面的员工和他们的家人，却能间接为他们提供帮助。

这样的利他机会是盛和塾塾生们赐予我的，在这里我要向大家衷心地感谢。

回忆过去，我与大家度过了幸福美好的时光。1983年启动以来，36年来我与大家走遍日本，出访世界，团团围坐，亲密无间。

盛和塾即将结束，但是作为灵魂之友的塾生们，你们在我心中将会永生。

我也祈愿我的经营哲学能够得到永生！

责任编辑/沈丽萍

民办教育的
百姓视角和文化自觉

□叶翠微/文

LECTURE | 演讲

日前，中国教育三十人论坛和海亮集团主办的首届中国民办教育发展高峰论坛在杭州举行，海亮教育管理集团董事长、总校长、原杭州二中校长叶翠微做了《民办教育的百姓视角和文化自觉》主题演讲。

以下为演讲实录：

今天在这场主旨演讲当中有大领导、大专家，还有来自中国香港和美国的朋友们的精彩发言，我是一线教育工作者，今天的演讲就用老百姓的视角来谈谈对民办教育发展的看法。

拉拉链的故事

我们看民办教育的时候，要有一种视角。什么视角呢？先和大家分享一个故事，这是江苏朋友告诉我的一个故事。

在一辆公交车上，有一个很时尚的女孩儿，后面也跟着一个很有模样的男孩。车辆走着的时候，女孩突然回过头来打了男孩儿一巴掌，说"你这个流氓"！

车辆又开着开着，女孩子又给了男孩子一巴掌……

车上的人说："小伙子长得人模人样，怎么干这种事？"

小伙子说："冤枉啊。我是看她穿了一条漂亮的裙子，拉链开了，我好心给她拉上了，结果她打了我一巴掌。"

"那为什么又打你第二巴掌呢？"

小伙子说："既然我好心，她不领情，我又把拉链给拉了下来……"

所以，做民办教育的人思考问题的时候也要学会得体、合时宜，要有一副精神的长相。

民办教育要有怎样精神的长相？我认为要可亲、可信、可敬。

什么是可亲呢？就是需要有儿童本位。

什么是可信？家长为什么要在乎你？为什么为你鼓掌？政府为什么在乎你？为什么给你站台？同行为什么在乎你？为什么为你捧场？

首先民办教育要有属性，要有政治属性、教育属性。

我认为民办教育的质量取向要关注学生的全面发展，也要关注学生的个性发展。全面发展也好，个性发展也好，都是品质发展的基础，没有品质，没有比较优势，就不一定是玩得转的民办教育。

民办教育的发展竞争应该是什么样竞争呢？是一个金三角。

首先是质量竞争，没有质量没有民办；其次是服务竞争，只有提供了一流的服务，家长才会觉得这样的学校放心、安心；最后还要有合作竞争，民办教育不是吃独食，而是要和兄弟姐妹同时办教，海亮在萧山区、滨江区托管了5所公办学校，就是形成公与民的合作竞争。

民办教育的动力逻辑也是金三角：民办教育存在的动力机制首先是创新，要尊重市场逻辑，同时要把机制优势用到最大化。

什么是可敬？一句话是教书育人。这两年海亮对"人"的问题有了清晰的判断，注重育人的完整和完整的人、人的幸福与幸福的人、人的未来与未来的人。

种黄麻的故事

接下来给大家讲第二个故事。1977年我下乡，在我们家乡那时候公社号召种黄麻，因为黄麻的经济效益比较好。有几个老农种水稻、种田特别厉害，偏偏不种黄麻。我问"大家都种黄麻，你为什么不种？"他说"你知道黄麻是夺土壤的，种田的人对土壤要有敬畏感"。这句话引发了我的深思。我觉得一个深爱大地的农民有深深的大地情怀。干教育，无论是出资人还是办学者都应该有大地情怀。

大地的情怀来自哪里呢？是行为，行为美学告诉我们学会打造第二曲线，要学会寻找第三通道，要学会开创第四状态，要学会追求第五层级。

什么是第二曲线？第二曲线就是要通过我们的创造，从自然美向创造美，由这个方向，寻找第二曲线就是始之于创造。

什么是第三通道？大家看到人类的首张黑洞照片，它告诉人类从经验认知走向科学认知，现在正走向超时空认知，所以民办教育要讲将来时，将来是要办百年名校，立百年基业，要有这样的时空感办校。

什么是第四状态？以水为例，水有固态、液态、气态，还有量子态。教育既要追求成绩口碑，也要追求效益，但民办教育追求的是人的终极关怀。

我们要学会追求第五层级，马斯洛的需求理论告诉我们，民办教育出资人和办学者要共同走向自我实现，不是办学者很爽、老板很苦，也不是老板很爽、办学者很苦。

我期待这样的画面，"万花敢向雪中开，一树独先天下春"，我还期待"花家山下流花港，花著鱼身鱼嘬花"，我更期待"一花独放不是春，百花齐放才是春"。

篓中蟹的故事

一只螃蟹扔到螃蟹篓子里，要盖盖子，两只也要盖起来，三只以上不盖了，这是螃蟹的天性，只要有螃蟹向上爬，后面的螃蟹会把前面的拖下去。大家都争着爬，但是都爬不出来。

民办教育需要合力前行。怎样合力前行？

民办教育有四部曲：第一是小老板办学，盈利为重；第二是企业家办学，名利双收；第三是知本家办学，守正求一；第四是真君子办学，立德、立功、立人民。

我认为民办教育正处于跌宕起伏、竞争多元、优胜劣汰的非常时期，毫不客气地讲民办教育出资人和办学者正面临着革命性的考验。什么考验？

第一，你的实力，有没有实力；第二，你的情怀；第三，你的智慧，什么是智慧，就是广东人讲的"搞定啦"；第四，你的修为。

办民办教育要深深地记住民族的伟人，也要有陈嘉庚先生"宁可变卖大厦，也要支持厦大"的情怀和气魄。

星期七的故事

前段时间我和小孙女交流，她有点倦意来到我家。

"最近在干什么？"

"忙死了。"

"忙什么，你不是在幼儿园吗？"

"星期一上课，星期二上课，星期三上课，星期四上课，星期五上课。"

"星期六呢？"

"星期六妈妈带我上舞蹈。"

"星期天呢？"

"哪有星期天，只有星期七。"

这让我思考，我们要给孩子们什么样的教育？民办教育要有教育情趣，首先要让孩子有真正的体育生活。

我希望校园里要有这样的活力和吼声。现在海亮教育在做第二课堂，在学校举办读100本中外名著、了解100位中外名家、欣赏100本中外名画、听100首中外名曲的系列活动。

我们还期待孩子们有真正的创意体验，我们推出了全国有24小时学习中心，就是让一部分学习非常踊跃的孩子进入这个中心，吃喝拉撒自己管，想疯狂学习就疯狂学习，想休息就休息，给任务，创专题，我们创造了这样的学习中心。

海亮教育正在努力营造学习"新四态"：健康人生、快意阅读、美的情趣、有创意的生活。

最后，我想引用莎士比亚的那句话：凡是过往，皆为序章！谢谢！

责任编辑/楼燕红

LECTURE | 演讲

万物皆由人

□宁高宁/文

【**编者按**】2019年"上经论坛"在上海陆家嘴中国金融信息中心举行,中化集团董事长宁高宁做了主旨演讲,分享对商业的独到见解。

在演讲中,宁高宁结合从业经历,从商业、人、社会相互关联的角度,提出商业的发展是对城市、人口、经济的综合考量,而人是其中十分重要的因素,对人的分析应当成为商业和品牌建设第一位考虑的因素。

以下是演讲实录:

今天本来是要讲商业，题目都已经定好了，但实际上今天的我真真离商业比较远。我现在和大家说商业，只能回顾华润20多年前的一点历史。讲购物城，有些朋友肯定比我清楚得多，我只能就当时为什么搞商城、为什么搞商业、为什么做这个品牌的思路，放在20年甚至更长远的时间维度去分析，在这一块上，我是有话可讲的。

当时华润刚刚买了万科，万科就深圳的一块地做了一份可研报告，说完成这个项目可以挣6亿元。在1998、1999年，6亿元已经是很多钱了。这个项目对当时深圳的发展、中国的发展，特别是对于深圳消费的推动和城市的定位有一定作用。当时整个深圳只有一条老街承担商业功能，我记得这个商场快建完的时候，刚刚开始招商，商场按照规划建好，但是务实的广东人能否欣赏就不好说了。当时大约七八岁的女儿问我知不知道深圳要建一个有溜冰场的商场，我问她怎么知道的，她回答说是同学讲的。我心想真是厉害，连小学生都知道了。

我今天想说人的问题。社会走到今天，出现了新的生活方式、生活态度以及生活环境的要求，这些要求就催生了商业。当时在上海，浦东的时代广场、八佰伴最火的时候也都想过要建购物中心，但是没有搞。那个时候浦东的房子1500元每平方米，没有人买。今天反过去看这个事情，我觉得所有的东西都是来自于当时的城市、人口和经济的综合发展。我们在做商业的时候，却往往更多地关注了地理位置、体量和定位。我想强调的是，如果今天说商业的话，我想说如何从人和社会层面看商业。所以我今天在飞机上临时改了题目，叫"万物皆由人"。

从人口和人性洞察商业

我们很多时候，不管是考虑一个问题也好，还是谈论企业管理也好，都没有特别注重从人的角度去分析问题。比如说我们要考虑科学至上、研发创新，不管如何去改体制、搞营销、搞品牌，我们都基于一个假设，这个假设就是有"人"，有好人，有能人，有肯干的人。如果没有这个基础的话，说其他很多的东西都是没有用的。我们往往把"人"给漏掉了。

我那天在飞机上查了一下"人"字，在输入法的汉字使用频率里它排在第七位，而前面几个大部分都是介词。就名词来讲，除了"我"以外就是"人"了，我们在表达中用的最多的词是"我"，其次就是"人"，可见我们思维中对"人"的概念占比是很重的。我觉得对人性的理解基本上是你能科学理解所有人的起点，如果没有这个起点，做出的政策和号召往往会有一点与人性相逆，容易造成"我一定要去号召，要去惩罚"的现象，总是不得要领；反过来讲，例如当年邓小平说改革开放是一部分人先富起来，不用再说多了，自然就将中国人调动和发动起来。因此，我们应该顺着人性去做规则，而非逆着人性去做。

我们有很多对于人的问题理解不清晰的地方。比如说个体与群体的关系不容易界定，中国是一个群体组织的模式，从古至今都是这样的思维方式，但是对个体和群体的关系界定比较模糊。再如对精神和物质之间的关系也不太容易界定。这些都会影响我们对事情的理解。例如，当我们要做一个品牌，品牌的东西虽然是精神性的东西，品牌肯定不是仅凭广告就可以做得出来的，但我们看到有很多花了高价去做广告、推广的品牌，有极大可能会在短时间之内影响了相对不是很成熟的消费者的心理。但是这个东西成本很高，而且不可持续，而品牌的精神性、品牌的崇高性、品牌自身带来的对于事物的定位以及对人类精神的追求是第一位的，它会进行自我传播。

我们有战略、产品、商品、渠道、价格，但最大的难处是均好性，就是把所有的东西均好地放在一起，有一个错误都不行，这就是商业的难处，也是品牌的难处。很多企业发展到最后，产品不太好，出现了很多问题。中国的很多企业为什么销量不好，很多时候会说是因为推广不好、广告不好或销售人员不努力，其实他们不知道产品本身是有问题的。我说过，好产品会说话，好产品自己会走路，好产品是不需要宣传的。如果品牌本身没有带着一种精神性的话，是不能成功的。

我今天讲到人的层面，我们对人的分析在商业来讲应该放在第一位。如果你进入一个新的城市，肯定先看地、项目、地价又或者看有多少商场和竞争对手，谁把这个城市真正摸清楚了，谁把这个城市真正的人口、收入、职业、性别、习惯等全部摸清摸透，才算好。毛主席在做农村调查的时候，把这个区里面几个卖盐的、几个理发的人全都摸清楚，才可以知道这个地方能不能发动革命。我觉得从我们来讲，对人的理解是不够的。

未来的几十年，人口问题会变成中国甚至全世界经济发展最重要的问题。目前全世界号称70亿人口，到2050年可能会达到90亿，但是几乎对所有国家经济变化影响最大的是人口，而不是经济政策，也不是科技发展，更不是所谓的生产问题。日本是非常典型的例子。日本有几本书，《低欲望社会》《格差社会》等，提到日本人口连续10年减少，今后人口减少的速度还会加快，这样算的话，也许几百年以后日本就只有1个人了，人口的变化使得整个劳动市场和消费市场都变了，有500万宅男不出门、基本上不工作、不参与竞争以及没有欲望了。相反，60岁以上的人打两份工，欧洲更加是这样的情况。

另外，特朗普为什么当选，其中体现的就是人口的变化。过去在美国蓝领工人就能过上中产阶级的生活，但现在他们很多职业在国际化的过程中被其他的劳动力市场所代替，他们自身没有提升和进步。其实国内也是这样，比如说东北。我最近去了沈阳两次，听说东北经济增长有一点变缓，我认为其中很大的原因是人口变化，因为很多人跑到上海、深圳这些地方，而且都是受过教育的年轻人。而人口的变化就会影响到商业，这是第一个因素。

在一个社会里，一个人在企业退休了，可以去做教授就是社会的进步，当然他也可以去做企业的管理人员，也可以去政府，只有这样流动起来社会才比较和谐。现在有一门课叫作心理学解读大历史，从天体物理讲起，从宇宙诞生讲起，讲到人的诞生和人性的随之而生。为什么今天讲这个，因为将它串起来你会有一个豁然开朗的感觉。我发现里面最有意思的事情是，原来所有的遗传里面都有一个因素，就是传承和繁衍，否则就没有今天。这是基因带来的东西，它是客观存在的。如果没有繁衍的话，有没有后代无所谓，那这个社会就不能发展。

同时，人本身也有很多创造性的东西。为什么创造，这也是由繁衍带来的，每个人都希望创造好的生活环境，都希望自己的家庭和子女得到好的发展，这并不能说是自私的，我们从这里能理解人性。但是人类也产生了很多集体主义，比如说互助、善良的情怀，只是这些大部分都是后天培养的，是通过社会的教育习得的。其实说到底这个行为也是自利的，因为他要保护这个群体或者是要通过这种行为在群体里面间接获得利益。我们必须要认识到这一点，人性就是如此。

英国一位生物学家在观察海边群鸟时发现，鸟窝里面有五六只小鸟，来了一只老鹰捕食，有一类鸟就很无私，一定会有一只鸟先出来，装作飞往另一个方向，实则将老鹰引开，解救其他同伴，这是鸟的本性里面不一样的东西。这种行为是怎么样产生的还是个未知话题，但是这类鸟繁衍很慢，而且群体很小，正是因为不自私所以导致它们很难繁衍。这也是今天要面对的现实。这些也都可以放在商业里面来思考。

第一个人类特点是繁衍，第二个人类特点则是进化和适应。达尔文有著作《进化论》，也有人讲社会达尔文主义，这里面也有人类的特点，人是会不断地进步、进化。同样，我们的商业也不可能是一蹴而就的，更不可能是静止不动的，必须是进步的，其中所有的技术进步、物质进步、思想进步都是由人类的进化特点带来，否则就没有今天的发展。因为有时间的因素才使得人类有了意义。有人认为延长寿命甚至长生不老是梦寐以求的，但其实人类的生命之所以有意义是因为其是短暂的，有时间限度。如果生命没有时间性，就没有了意义。人一定要在某个时间内去完成一个事情，人生就变得有意义。时间是比较公平的，为什么说公平呢？不管你这一生过得怎么样，最终一定回到自然里面，因此很公平。

进化和适应改变了环境，同时也可以创新、创造。当然每一个人创造生活，创新生活，最终欲望都是繁衍和将生命延长。自己不能延长，可以用繁衍的另一个载体去延长，这是人类基因里面的东西。

而且人类最大的特点是可以创造新的物质，创造地球上没有的东西。过去我们种粮食、养一个牲畜都是原有的东西；今天我们身上穿的衣服，用的东西都是以前地球上没有的东西，都是合成的。最伟大的科学就是发明了新物质。

再来看我们今天的商业，与10年前、20年前相比是大大不同的。所以，为什么要将人类社会串联起来看呢？原来，从所谓天体来看、从起源来看，都可以看到人类学、生物学、考古学，最后还可以将哲学、行为学、管理学、商业零售、商业物业等都串联起来。原来这些规律并不是可以随便篡改的。

我们以为我们很聪明，我们以为我们很自由，但我们发现原来亿万年前的最早的菌群就带着人类的基因。这就像尼采说的，人类本来和动物没有区别，只是因为人类长了大脑就自以为很高明。所以我们在幻觉中不断地再去幻觉，把自己都欺骗了。这样的话，再来考虑我们的商场应该怎么定位，可能会有一点启发。

第三个人类特点是对人的洞察。对人的深刻洞察与商业的结合就是好商业，指的是对人口的商业洞察，对人性的洞察就是好商业。之所以这个商场不好了，肯定是洞察不够。最近北京很多著名的百货公司关门了，比如说赛特、贵友等，报纸上都有报道，说是停业之前的大甩卖。为什么呢？因为它们20年都没有改变，没有洞察，它们以为只可以减价，或者是将质量不好的货品调整一下就可以了，没想到越调整越不行，因为社会潮流浩浩荡荡就走过来了，而它们缺乏敏锐的洞察力。社会的变化非常大，旧模式容易被新事物所替代和冲击，没有变化肯定不行。

现在的中产阶级是什么样的生活方式？90后又是什么样的生活方式呢？人口数量、人类欲望、人类生活全都变了，这里面如果只看物不看人，如果仅仅是根据一般的商业，原来的做法肯定是不行的。相反应该是通过看"物"去引领。这里面有很多的分析，包括对人群的分类，我觉得在从商业角度来讲，可能首先可以产生一个模型，这个模型一定是对人类群体分析的模型，然后再把它转化到商业上去。这里面可以分贫富、职业、种族、男女、老幼，也可以分城乡、中外、文化、习惯、教育、宗教等，彻底把这片区域的人口做一个模型出来，这个模型就是商业的。因为现在大数据很多，这个模型是可以做到的。做了以后你就可以对商业进行定位或下一步做法，这是有一个相对来讲较为架构性的东西。但不是说"人"就不起作用了，人还是要做判断的，但是可以说这个模型相当于一个大的骨架式的东西。

我记得当时华润开超市之前去调研，要求调研人员去访问家庭，打开他们的冰箱看看里面放的什么东西，有什么样的消费习惯，这个区域是什么样的消费习惯，调研后可以初步预估大致开几家、开多大规模、卖什么产品，相对也是比较准确的，虽然不能做到完全精确，但是最起码没有犯很大的错误。这样来讲的话，从对人的所有层面的了解，一直到最后对社会、对人口、对人的消费趋势而言，社会对城市里面所有人群的分析是我们今天最重要的事情。这个从决策来讲是最有依据的东西，过去我们没有找准人群，我觉得这是很重要的东西。

对商业的展望

我对商业的未来做一个展望，因为我不在行业里面，仅供讨论。

第一个展望是未来基于精准人口分析大数据的

商业模型很快出现了。我前天和平安集团的朋友聊天，我非常吃惊地发现原来平安投了很多钱到人工智能。其中有几项让我印象深刻，一个是法院的，就是录入几百万个条文，这个东西让一个法官学完是不可能的，现在就电脑读完了，然后通过判定逻辑提炼出来，如果遇到一个新的案子就把这案子摘要的要素输入进去，一秒就可以给你判断出来了，这个逻辑在不断优化。他说以后判案不是机器判，也还是必须人判，但是机器是充当辅助，如果法官和机器判的一样就基本不需要审了；如果法官和机器判得不一样，将会再审，并且他们目前也还在继续优化这个软件。另外一个是医学的诊断，用各种大数据的诊断。

对商业来讲，我觉得这种数据也会很快出来，以后如果我们这里有人可以发明这个模型出来，你就是一个咨询公司，比如说可以在上海开多少家公司，卖什么东西好，我觉得这是未来一定会发生的。

第二个展望是未来所有商业的主题一定更鲜明，百货公司的概念会慢慢消失。为什么有一些商业活得比较好，就是因为主题鲜明，因为服务的客户主题鲜明。我们的产品不是认为商业就是逛街的东西，我们拿出来的就是一个产品，是要有自己定位的，有没有人买账很重要。

北京王府井刚刚开了一个置地中环，虽然它的规模不是很大，但是定位的层次并非一般人，整个建筑材料用的是最好的，特别是厕所，一改所有商场的弊端，它的厕所比五星级酒店还要好，我去了深有体会，让我想到英国老牌百货公司的厕所，它们有一个大型化妆间。为什么要这样呢？因为人们的生活水平提高了，这是人口消费水平在提高的过程。

第三个展望是线上线下更融合了。现在线上线下的矛盾比以前有所好转。我觉得未来有几类商业会被分成两类：一类是大型的最好的，另一类是最方便的，中间的不会再有。以后的商业，我觉得位置可以更远，现在有轨道交通，不需要一定要在市中心，这个是未来的趋势。还有就是超出购物中心的功能，以后会有相对比较扩展功能的商业。

第四个展望是未来城市规划会对商业更友好。过去城市规划对商业规划是不友好的，城市规划得也不够充分，可能会给了最早做商业的人一些机会，同时也带来一些困难，未来的城市会规划得更好。另外，我期望能看到在郊区有超大型的涵盖娱乐、教育、健身、社交、购物、餐饮等所有项目的超大型商业。这个地方可以没有人，不一定是居住地，它完全是一个目的性质的商业。我估计以后确实会出现这类型商业。

第五个展望是商业的资产回报率会逐步提升，这个现在已经出现。真正好商业的供应是不够的，资产回报率一定要慢慢提升，一定会提升到不比买一个房子的长远回报率差。而这个过程欧美已经走过，我国香港有一段时间商业的投资也要好于住宅，可见这个过程也会随着人类水平的提高、社会水平的发展，特别是规划的发展、人类生活多样性而产生的。

第六个展望也是预测，未来会出现真正影响、引领、启蒙人们消费习惯和生活方式的标杆商业公司。我觉得未来不想真正做好、不想真正做大的人是没有机会的。未来一定是好的团队、好的品牌、大的规模，相互协同，相互统一。未来能做好的公司必定是对商业理解比较深，对人类生活影响比较大，带来新的生活方式，推动新的生活方式，而且引领了消费潮流，而不单是一个商品售卖式，还是一个文化生活式的，也可以说是一个启蒙式的，并且将逐步带来一些新的生活方式，被人们所接受。我想，这样的公司未来全中国不会超过10家，越做越领先，再过3年这个距离就拉开了。

我希望今天在场的几家公司在五年以后，面临大的格局变化继续呈现引领的趋势，而且保持强大的竞争力，特别是要洞察社会的变化，洞察人口消费的变化，引领消费习惯和文化习惯。这才是一个好的商业化的公司。

责任编辑/沈丽萍

自述 README

海尔的企业文化就四个字,自以为非。
没有成功的企业,只有时代的企业。所有的企业都不能说自己成功,所谓的成功只不过是踏上了时代的节拍。

张瑞敏:自以为非

自述 README

好多年以前，我们开始把海尔的12000名中层管理者全部取消掉，中层管理部门全部撤掉，终结科层制，只有一个共享的平台。

我给国内的企业建议是，要从十层管理层级变成五层。我到美国去也是一样。

美国的通用汽车是十四层。我在哈佛大学演讲的时候，那些教授提出来说，这个单层创业平台很好，但是没有人来管理他们了，没有职能了，他们怎么去找市场？

海尔怎么做？就是所有人都面对市场，不需要每个人经过批复。比如，我要卖出10万台新产品，从开模具到投资，所有的事情员工自己决定，爱怎么投怎么投。

不用像原来要打报告，走多少道手续，没有必要。

问题是最后这10万台如果达到目标了，员工有增值，就可以分享；如果达不到目标，所有的投入，亏的那部分员工都得给我填上，包括不良品，都把它承担下来。

比方说财务。过去的财务是事后算账，他是财务会计。现在我让他们成为管理会计，也要有用户，而且要去创造价值。

很多小微就不需要去做了，可以到社会上去雇。但是雇佣的费用都由他们来出，这样把大家都逼向市场了。

每个员工的价值体现在他为用户创造的价值。全球哪都一样。

海尔并购了美国GE家电，并购了日本的三洋、意大利的Candy，也并购了新西兰企业等，都是很大的家电厂。

现在最大的就是GE，他在美国有12000多人。兼并的时候他们经营非常差，我去看了之后，发现他差在什么地方？不是人数上，而是体制上。

GE这种老企业，原来很有钱，结果它的激励机制可能比我们一些大型的国企还要差。他们规定每18个月可以涨一次工资，也就是一年半就可以涨一次工资。他的福利竟然有150多项。

也就是说，如果一个人不犯什么错误，15年可以涨十级，所以你会看到他们的工资非常高。

国际并购有一个规律，叫七七规律，并购的企业70%失败，里面又有70%的企业文化不同，所以海尔提出了沙拉式文化。

这个沙拉可以里头有不同的蔬菜，不同的水果，代表各个国家、各个企业不同的文化。但是沙拉酱是统一的，就是人单合一。

人就是员工，单就是用户的需求，把员工和用户连在一起。

我们和别人并购最大的不同就是，没有派一个人去，还是原来的人，但是条件是这个领导团队必须接受、运用海尔模式。

我第一次兼并他们的时候，在全体的管理人员会上，大概有500多人，我讲完了他们来提问。

其中有一个管理人员站起来提问，他说你们今天收购了我们，你准备怎么来领导我们？

这个话的潜台词就是海尔曾经口口声声学GE，GE是海尔的老师。今天兼并他们，无非是土豪，有钱而已，能够管理得了他们吗？能够了解他们吗？

我说，提的这个问题本质上提错了，我们今天兼并你，我既不是你的领导，也不是你的上级，我是你的股东，这是我最正确的定位。

现在我要他们改变的是什么呢？

他们过去只有顾客，没有用户，把产品卖出去就算了。用户到底是需要什么？不知道。那今天我们就要把所有的顾客变成用户。

海尔把他们变成一个个的小微，变成一个个的面对市场的团队，而不是变成一个整体。这样做了之后，2018年美国整体的家电企业是负增长，但是GE是两位数增长。

现在他们非常认同人单合一。美国人最引以为豪的那句话，独立宣言第二段的第一句，人人生而平等。

在美国大企业从来没有人人生而平等，CEO就是国王和独裁者，现在每个人都是自己的CEO。

简单地说，企业原来是科层制，现在变成一个生态系统，没有人去指挥你。员工就是独立的实体。

所有企业的领导要把定位改过来，你不是发号施令的，你是仆人领袖。你要给所有的员工创造条件，给所有员工提供服务。这个要从观念上改变。

左哈尔是量子管理的奠基人。对企业来讲，他的书《量子领导者》可以看一看。

量子管理里很重要的一个词，波粒二象性。每一个光子既是粒子又是波动。

每个员工也是。他在粒子状态是静态的。但是他在波动状态，你不知道他有多大的能力，那你必须给他条件。

而我们现在企业招人完全把他看成一个粒子，来了之后按学历、经历把他固化。你能知道他有多大的能力？这么招永远招不到顶尖人才。

我跟左哈尔说，你这个观点和中国2000多年前老子说的一样。

老子曾经说过"太上不知有之"。部下不知道你的存在，你不是发号施令，你是给部下提供一种机制。

左哈尔到海尔来过几次。他也认为海尔是做得最接近他的理论。他问为什么。

我说因为文化。

全面质量管理在美国推不开，但是在日本不但推开了，而且成为全世界的样本。美国人到日本学，还是学不会，为什么呢？

因为文化，日本是团队精神，美国是个人主义。

全面质量管理有很多原则，但是最重要的原则是用户。日本人可以为所有的用户负责。美国人是我干我的，我凭什么管你呢？

我跟美国人说，我的"人单合一"和你正好不一样，你叫股东第一，我叫员工第一。

到今天14年的时间里，现在国际管理会议上，所有人在说的时候，都直接用"人单合一"这四个汉字，就像说"功夫"或者"豆腐"一样，没有什么翻译。

说到底就是一条，让人的价值最大化。

现在每年有上万人到海尔学习。很多企业说海尔这个做法很好，想学习。我们就问他能不能把三权（决策权、用人权和分配权）放下去。

他说那不行，我手里就这三个权，用这三个权可以控制员工，没有了怎么控制他们呢？

其实企业不应该控制员工，要让员工自主来做。去科层制是自我颠覆，是创造性破坏。破坏之后，就得重组。

模式的重组、人定位的重组、考核的重组、薪酬的重组、组织的重组、职能的重组，也就是所有的一切经典的管理都要去掉。

海尔推出了颠覆性的"三零"：用户零距离、企业零延误、流程零签字。

每个企业都可以考虑考虑，是不是签字多得不得了？

自述 README

写《黑天鹅》的塔勒布最近出了一本书——《非对称性风险》，说的是，在企业里头员工可以签字，但能为签字负责吗？

很多人签字，出了事找谁也找不到。海尔现在去掉签字，让每个人对自己的成果负责。

比如说差旅费，海尔取消签字，只改了一点，员工差旅费抵减团队利润。团队的利润如果被抵减了，就没有分享的资格。所以员工出差影响到的不是个人，影响的是整个团队。

海尔的差旅费也是很高的。第一年实行，差旅费就减少了2/3。

当然，流程零签字的前提就是用户零距离、体验零延误。没有用户的价值，那这个零签字可能就会更乱。

过去我们的薪酬用的IBM的宽带薪酬，根据每个员工的经历、资力、技能、所在岗位定酬，再逐步升迁。它把每个员工变成一个静态的、固态的人。

海尔搞的是一个增值分享下的智能合约。有了增值你可以分享，没有增值你必须离开，或者你这个团队必须解散。

KPI海尔也去掉了。所有的企业都是用KPI，似乎成了一个法宝。海尔统统去掉。

员工得到的东西不是海尔给的，而是海尔创造了一个平台，他们在平台上自己给自己创造的股份。

海尔的企业文化就四个字，自以为非。

没有成功的企业，只有时代的企业。所有的企业都不能说自己成功，所谓的成功只不过是踏上了时代的节拍。

你是人，不是神，不可能永远踏准时代的节拍，所以企业可能不知道什么时候就被时代所淘汰。

柯达曾经是全球知名企业，全世界胶卷第一名。其实它也是全世界第一个发明出数码相机的。在申请破产的时候，它的数码技术竟然卖了9亿美元。

企业不能待在原地，不管现在过得多好都不行。柯达数码相机刚出来的时候，不像现在清晰度这么高，所以产品卖得不怎么样。而且一年像素技术只能提高100万。最后柯达放弃数码相机，又去做胶卷。

企业一般有了核心竞争力之后，就会一直待在这，不停地顺着原路走下去，在规模和范围上做大，但是早晚有一天会被自己颠覆掉。

就像在企业盛开鲜花的时候，可能不会否定这朵花，会欣赏它。别人也会欣赏它，但是到最后果实没了。

因为这样一元化的战略，现在柯达不再存在了。现在的企业大多都是一元企业。二元企业就是企业同时追求两个不同的目标，这个很难。

企业怎么同时追求这两个不同的目标？

要有动态能力。意思是企业要具备不断更新核心竞争力的能力。现在企业往往是静态能力。

我在海尔创业35年，从事管理40年，我真的是见过了无数个风云的企业、风云的人物瞬间没有了，其兴也勃，其亡也忽。企业更需要韧性，耐得住心，耐得住寂寞。还有两个字，反思。

对企业来说，最重要的一个目标，就是未来的目标。所有的企业都要有一个新的战略，就是生态竞争力。

现在全球工业4.0的标准问世。这些标准都通过了三个国际组织的认定。德国人提出的工业4.0，最后由海尔来主导大规模定制。

为什么呢？

因为我们和德国人也接触过。德国人引以为傲的就是，不管谁去看他的样板，大众汽车的辉腾全世界都要学习。但是其做了几年赔了20亿欧元，现在宣布要停产，没了。

我跟德国人说，我们有一个指标，我认为那个指标才真正体现了工业4.0的核心，就是不入库率。

海尔现在产品的不入库率可以达到70%，也就是说，根据用户的体验，我创造了这个产品，出去之后不进仓库，到用户家里去。

有人说21世纪企业的竞争力是什么？就是看谁的终身用户最多。企业都要想，自己管理得很好，什么都很好，但是现在是不是踏进了时代的节拍，战略是不是和时代符合？

如果不符合，管理再好也为零。

现在全球处在复杂经济中，不均衡、不对称、不确定性是常态。

企业在这个行业做得最好，进了最好的设备，招了最好的人才，那一定是最好的吗？未必，因为很多东西不可预测。

所以应对复杂经济，要靠自组织。自组织可以做到自我增强，进入正反馈循环，形成一个生态。

詹姆斯·卡斯写了一本书——《有限与无限的游戏》。这本书出版于1987年，到现在30多年了，翻译成多国文字畅销不衰。

主要意思是，世界上有两种游戏，有限的游戏和无限的游戏。有限的游戏在边界内游戏，无限的游戏以延续游戏为目的。

现在的企业，要成为帝国，要成为第一，这就是以取胜为目的，这是有限的。

而无限的游戏，则是以延续游戏为目的。那我就提供用户的最佳个性化体验，永远没有头，我要一直下去。它相当于是一个热带雨林，自己产生新的物种，无法重复，也很难模仿。

近期，全世界评选了9个灯塔工厂，中国企业只有海尔一个。

国际主流媒体和商学院都认同了海尔这个模式。《哈佛商学院》3年当中两次报道了海尔的"人单模式"。

这在全球历史上，从来没有过。2019年的封面文章就是《科层制的终结》，在全世界影响非常大。

现在有很多国外的企业家，甚至有很多国家的企联组织，整个国家的企业都来海尔学习。海尔的目标就是希望成为工业革命以来，第三次工业革命的范式。

改革开放以来，中国所有的商业模式都是模仿西方的。第一次是福特制，流水线。第二次是丰田，精细管理。

但是物联网时代到来了，我们应该创变出可以引领时代的模式。

物联网创始者阿什顿认为在2019年或者2020年这个会引爆，现在好像还没有看到这个迹象，希望中国企业能成为第一个引爆者。

责任编辑/沈丽萍

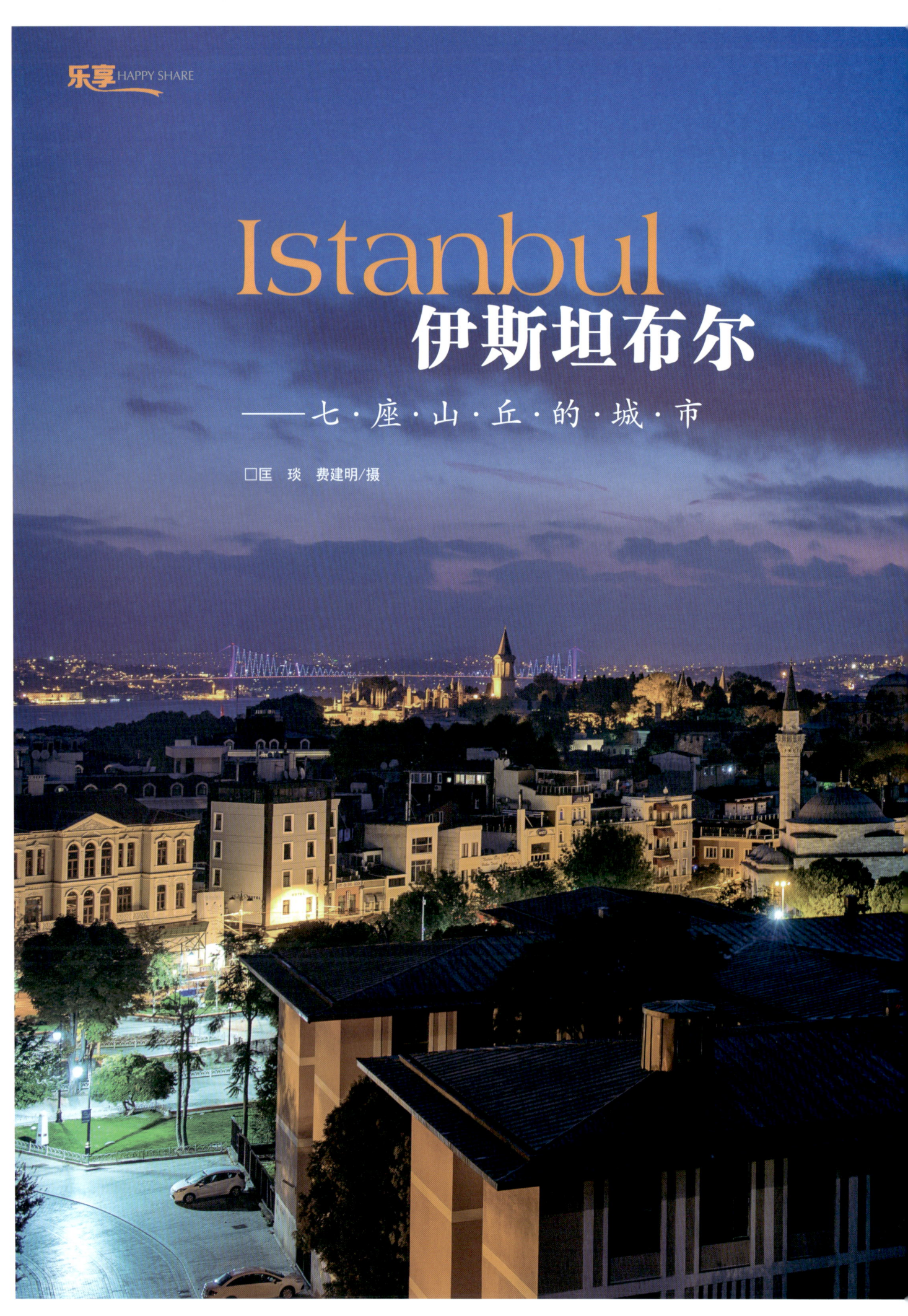

Istanbul
伊斯坦布尔
—— 七·座·山·丘·的·城·市

匡 琰　费建明/摄

◎名称：伊斯坦布尔　◎位置：土耳其

乐享 HAPPY SHARE

无疑，伊斯坦布尔是矛盾的，它古老却又现代，喧嚣却又宁静。这种跨越时空的混合，一切都让人觉得如此不可思议，一切又让人觉得如此地和谐美妙。在这里，万物似乎受到了一种感召。在这座土耳其老城的血液中，流淌着的是东西方文明的和谐。

东方的神秘、西方的动感，两者完美地结合，成就了世界上独一无二的一座城市——伊斯坦布尔。

踏上伊斯坦布尔的土地，有那么一刻令人恍惚：松涛中分明有着罗马军团和奥斯曼骑兵金戈铁马的呼啸；斑驳的古城墙，绵延十多千米，似乎还留有众多将士保家卫国的身影；木造别墅旁边耸立着现代化饭馆，大理石宫殿毗连着简朴的石头堡垒，典雅的欧洲式居住区与小渔村为邻，笔挺的西装与松散的长袍为伍……这是古代还是现代？这是东方还是西方？

时空在这里迷失，失去了固定的界限，令人目眩神迷。一切恍如隔世，如在梦中。

这是土耳其最大的城市,也是世界上唯一横跨欧亚大陆的城市。湛蓝的天空,纯净的河水,热情好客的人民……让人禁不住慨叹造物主对这里的优待。

白天的伊斯坦布尔是喧嚣的、热闹的。而每当暮色降临,清真寺里阿訇们抑扬顿挫的说法声、信徒们的诵经祷告声,则为这座古老的城市蒙上了一层神秘面纱,整个城市上空更是多了一份虚无缥缈,周围的空气中都笼罩着一种涤清心灵污浊的力量。此时的伊斯坦布尔,氛围柔和静谧得仿佛时光停滞。

深蓝色的博斯普鲁斯海峡蜿蜒穿过城市,

将这座城市分为东、西两部分，东部在亚洲，便有了鲜明的东方色彩；西部在欧洲，则呈现一派欧陆风情。来自东西方文明的交融带来了最强烈的心灵震撼，因为这片土地拥有着世界上最为辉煌的东西方文化交相辉映的印记。

 HAPPY SHARE

HAPPY SHARE

<<<
Istanbul

历史上，乃至当今时代，文明之间的厮杀、宗教之间的斗争从来就是此消彼长、久久不断。于是人们不禁去反思——难道当一种文明遭遇另一种文明的时候，当一种宗教遭遇另一种宗教的时候，除了冲突、战争、流血外别无选择？

伊斯坦布尔用它的幸福美丽为我们做出了回答，它让我们深深地认识到：东方与西方完美交融，古代与现代交相辉映，能够催生出更加辉煌灿烂的文明之花。

这是一方多种文明镶嵌而成的土地，浑然天成、完美自然、优雅美丽……缺少"和谐"这个修饰语，一切语言都会是空白。因为和谐，俨然已经成为伊斯坦布尔的灵魂。

责任编辑/沈意

海南棋子湾开元度假村
NEW CENTURY RESORT
Chess Bay, Hainan

全球酒店行业权威机构《HOTELS》杂志
发布2018年度"全球酒店集团325强"排名
开元酒店集团排名第25位
连续四年保持前30名的行业领先地位

地址：海南省昌江县棋子湾景区广德路　邮编：572731　总机：0898-31156666　预订热线：0898-31156789

资讯
HANGZHOU INFORMATION

企业传承：使命与责任
——《杭州湾会客厅》第十一季成功录制

□杭商全媒体记者　王昭奕/文　徐青青/摄

8月21日，《杭州湾会客厅》第十一季——企业传承：使命与责任，在位于杭州市湘湖国家旅游度假区的杭商传媒演播厅成功录制。

企业传承，是每个民营企业发展过程中都会面临的问题。杭州电视台主持人杨莅与开元旅业集团创始人陈妙林，浙江大学管理学院院长魏江，科发

■《杭州湾会客厅》第十一季录制现场

资本董事、合伙人陈昊，评论员朱成方就"企业传承：使命与责任"这一主题展开了对话，对有关企业传承的一些关键问题提出了不同看法。

在陈妙林看来，企业不仅仅是个人的企业，成为一名企业家必须拥有使命感、意志力、学习力三种品质，让有能力的人接棒才是最好的选择。面对子女传承的问题，陈妙林表示，尊重孩子的选择最重要。

魏江表示，企业传承不是新话题，企业家们都面临着传给谁、怎么传等问题。他提出，企业创始人的价值观将直接决定对传承人的选择，在企业成立之初，创始人就必须高瞻远瞩规划好未来的传承。

作为一名年轻的90后、创二代，陈昊提出了自己的观点。他认为，90后生长在信息爆炸的时代，意味着选择多、机会多，如何做好人生规划是最重要的，站在父辈成功的肩膀之上，新生代企业家更应该做出属于自己的一番事业。

受中国传统文化影响，目前，选择家族传承的企业可能是主流。面对培养子女成为接班人的问题，互动嘉宾宝杰新科技集团董事长张杰提出疑问，时代发展太快，两代人的不同经历必然引起不一样的价值观念，到底要怎样培养家族接班人？

针对这一问题，朱成方表示，一代和二代之间存在"断层"问题不容忽视，培养孩子的目的是要培养健全的人格，而不应该带着某些目的性去灌输父母对孩子的过多期待。

西苑跨湖楼餐饮集团董事长章金顺在现场发言，餐饮行业更需要传承，陈妙林提出的企业家三个方面的品质，让他深受启发。他希望未来可以通过对接班人的培养，将跨湖楼品牌打造成湘湖边的楼外楼，并且一直延续下去。

珨泰环境科技有限公司联合创始人梦娇作为年青一代企业经营者，她提出困惑，企业家传承的精神是什么？朱成方说，最重要的是"坚持"，魏江表示"创新"是未来企业家唯一的希望，陈妙林则想对接班人说，要为企业、员工、自己担当责任。

现场，浙江城投集团总裁华建华寄语未来接班人："努力奋斗。"他表示，不仅是希望接班人可以努力奋斗，也要时刻警醒自己去奋斗人生。

杭商传媒社长兼总编辑马晓才寄语未来接班人："好好活着。"好好活着，一切才有可能。

"江山代有才人出"，有传承，才会有新发展。继承接班或独立发展，新生代企业家都要在担当中去成长。

杭商传媒社长兼总编辑马晓才、浙江城投集团总裁华建华、元弘资本董事长孟宏亮、乾球科技董事长卢敬锋、浙江大学EMBA战略合作负责人吴奕闵、宝杰科技集团董事长张杰、万潮控股集团总

资讯
HANGZHOU INFORMATION

■《杭州湾会客厅》分享团队

裁田玉华、盈盛集团董事长邓建林、九鼎健康产业集团董事长吴元来、西苑跨湖楼餐饮集团董事长章金顺、浙商开元名都大酒店总经理施加勇、杭商传媒副社长李洁、长龙航空副总裁朱丹、凯晨建设董事长赵云、时代浙商金额研究院院长沈松华、映山花化工董事长沈水清、稀素文化董事长叶俊、仲时资本董事长沈松富、通策宝群置业董事长吴吾美、杭商传媒副总经理何影丹、杭商传媒副总编辑徐青青、朴鲁投资董事长陈柏源、宝鹭传媒科技有限公司CEO印佳慧、若联科技有限公司CEO金洁、琀泰环境科技有限公司联合创始人梦娇、智辛科技有限公司CEO宋慎等30位嘉宾应邀出席。

湾区经济作为重要的经济形态，是当今国际经济版图的突出亮点，湾区已成为全球高端要素竞争的主战场。综观全球，知名湾区旧金山湾、纽约湾和东京湾等，都依托良好的海湾资源推动着周边乃至全球经济发展。浙江省委省政府明确提出重点建设杭州湾经济区。湾区经济御风而来，为了助力杭商群体在这股热潮中趁势腾跃、脱颖而出，抢抓机遇，更有作为，杭商传媒、杭州文广集团、杭州市工商联，共同推出了该电视对话节目。

《杭州湾会客厅》既是电视节目，又是政界、学界、媒体界、企业界四界联动、学习交流、资源整合的平台。节目每月录制一次，录制时，在国内知名网络视频直播平台同步直播；成片后，将在杭州电视台生活频道黄金时间播出。

《杭州湾会客厅》由杭州文广集团、杭州市工商联、杭商传媒主办，杭州生活频道、杭商杂志编辑部承办，达利国际、湘湖金融小镇、华醒少年特别协办，品融集团、和康医疗集团、衣邦人、炬荣集团、中广股份、明视康眼科、港流科技、元弘投资、尚哲投资、紫邦园林、宽塘文化、域农科技、乾球环境、通策宝群协办。

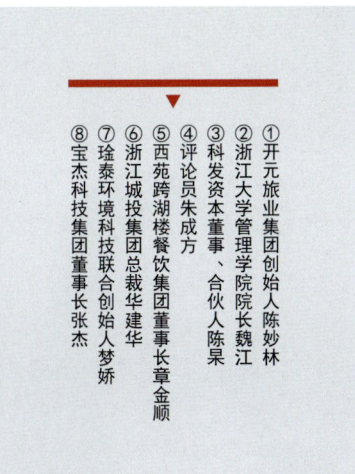

① 开元旅业集团创始人陈妙林
② 浙江大学管理学院院长魏江
③ 科发资本董事、合伙人陈昃
④ 评论员朱成方
⑤ 西苑跨湖楼餐饮集团董事长章金顺
⑥ 浙江城投集团总裁华建华
⑦ 瑄泰环境科技联合创始人梦娇
⑧ 宝杰科技集团董事长张杰

越南,投资新热土
——《杭商半月谈》第二期成功举办

□杭商全媒体记者　姬晨曦/文　徐青青/摄

分享嘉宾人物名片

　　阮秋煌,越南工商会中国部部长。多次参与组织中国——越南经贸合作委员会,并担任重要的翻译和联络工作。

7月13日，《杭商半月谈》系列活动第二期在湘湖国家旅游度假区杭商传媒创作基地成功举办。活动以"越南，投资新热土"为主题，越南工商会中国部部长阮秋煌女士和30位杭州企业家一起，共商投资策略，共谋发展思路。

活动现场，杭商传媒社长兼总编辑、杭州湾智库秘书长马晓才，为阮秋煌颁发了杭州湾智库特聘专家聘书。

阮秋煌表示，受越南工商会武进禄主席的委托，很荣幸今天能有机会出席杭商半月谈。她衷心感谢杭商传媒社长兼总编辑马晓才先生的邀请，同时感谢承办单位的热情接待。

分享开始后，阮秋煌介绍了越南的经济形势。她说，2018年对越南而言是经济跨越性发展的一年，国内生产总值2450亿美元，同比增长7.08%，创2008年以来的最高水平；贸易额为4820亿美元；累计吸引外商直接投资达到3400亿美元，发放资金1910亿美元，创历史新高。

越南自从实行改革开放以后，国际间的交流和融合也大大加快。据阮秋煌介绍，越南目前与200多个国家和地区建立了贸易伙伴关系，并与近60个国家和主要合作伙伴的高优惠市场建立了自由贸易关系，同时有机会促进连通性，更深入地参与价值链和全球供应网络。目前，越南签署了12项自由贸易协定（FTAS），并在继续就一些自由贸易协定进行谈判。跨太平洋伙伴关系全面及进步协定（CPTPP）2019年1月14日签署并生效，欧盟—越南自由贸易协定（EVFTA）2019年6月30日签署，正在谈判区域全面经济伙伴关系协定（RCEP）东盟+6。此外，2018年越南迎来了1500万国际游客。

阮秋煌表示，近年来越南政府正在努力改善商业与投资环境，并取得了积极成果。根据世界银行的数据，近年来越南的商业环境指数不断改善，以创造有利的商业和投资环境，并吸引外国投资。与此同时，越南政府致力于确保在越南合法从事商业投资者的权利。

接着，阮秋煌就越南与中国的经贸关系展开了发言。她表示，越南和中国是邻国，有着悠久传统友好关系。近年来，在双方的共同努力下，双边贸易额不断发展。自2004年以来，中国连续14年成为越南最大的贸易伙伴。据越南海关统计，2018年，越南—中国的贸易总额达到近1046亿美元，比2017年增加11.75%；越南对中国出口达412亿美元，增加16.37%；越南从中国进口达634亿美元，比2017年增加8.94%，中国仍然是越南最大的贸易伙伴、最大的进口市场和第二大出口市场。

关于目前中国在越南市场的投资状况，阮秋煌继续让数据发声。她表示，中国目前在越南有投资的112个国家和地区中排名第7位，注册金额为133亿美元，项目2149个。2018年中国在越南投资约为24亿美元，涉及389个项目。

最后，阮秋煌介绍了越南工商会（VCCI）的基本状况，并向与会的企业家们发出了热情邀约。她说，越南工商会相当于中国国际贸易促进委员会和中国工商业联合会，聚集并代表越南的企业家、商人、雇主以及各行业协会，统称为越南企业共同体，旨在发展、保护和支持工商界，促进国家的社会经济发展。在法律规定内，在平等和相互的基础上，推动与外国的经济、贸易和科技合作。"越南工商会愿意支持中国和其他国家的企业与越南企业加强交流与合作。我们欢迎你们访问越南，在越南进行商业投资合作！"阮秋煌说。

之后，企业家们根据自身企业状况，围绕越南政策环境、投资市场状况、土地及劳动力成本等方面的问题，向阮秋煌踊跃提问。

阮秋煌对每个问题进行了积极的回答，她表示，越南需要高科技产业、高科技农业、电子产品及道路交通之类基础设施建设等方面的投资。对于环保产业，越南政府也在大力支持，并且出台了许多优惠政策。就劳动力方面而言，越南劳动力资源丰富且集中。对于参加培训过的工人，工资待遇在每月100～200美元，用工成本相对较低。

中国文化发展促进会副会长、浙江省高级经济师协会会长、雪峰集团董事会主席童四鹤，就中越民间商贸往来等问题向阮秋煌提出了建议，他希望越南工商会牵头，将越南的经济政策、税收政策、

资讯
HANGZHOU INFORMATION

■ 《杭商半月谈》第二期活动现场

投资环境、人文文化、需要进行招商的行业等方面汇编成册，经由杭商传媒这一平台，让杭州企业家加深对越南的了解。阮秋煌对童四鹤的建设性意见表示感谢，她认为，中越经济互补性很强，中国靠近越南的省份，对越南经贸关注度很高，商业互动也较为频繁。当下，越南是国际投资新热土，竞争很强。中越有长期的传统友好关系，今后将向中国企业家们提供更多有关越南经济方面的信息，推动双方信息交流，让更多的中国企业了解越南。

杭商传媒社长兼总编辑马晓才、华语之声总经理李浙鲁、中国雪峰集团董事会主席童四鹤、中国胜达集团总经理方聪艺、万达股份董事长陈伟、元弘资本董事长孟宏亮、杭商传媒副社长李洁、宝杰华醒科技董事长张杰、贝嘟科技董事长方琴、映创控股集团总裁周广雅、华语之声总编辑程雷生、路易房地产开发董事长傅丽、博将资本合伙人刘新水、时代浙商金融研究院院长沈松华、港宇卫生用品董事长许凤娟、尚哲投资董事长邵海燕、东方龙传媒集团董事长傅月龙、中控科技集团副总裁李红波、玖安股份CEO汤春峰、中广股份总经理程洪、妙聚网络科技董事长陈博、鼎腾实业总经理许锦霞、华力环境科技董事长宣柯锋、齐阁资本总经理荣婧惜、申万宏源证券萧山营业部总经理任惠玲、汇宇投资副总经理陆瑶婷等承办单位负责及企业家们出席活动。

华语之声对该活动进行全程直播，杭商传媒将于公众微信平台播出实况录像。

《杭商半月谈》由杭州市发展研究中心主办，杭商传媒、华语之声承办，杭州湾智库协办。活动将每隔半个月举办一期，是党政界、媒体界、学术界、工商界四界联动，更好地为杭州的经济和文化建设服务的创新实践。

责任编辑/楼燕红

中国税制改革：回顾与展望
——《杭商半月谈》第三期成功举办

□杭商全媒体记者　姬晨曦/文　徐青青/摄

■《杭商半月谈》第三期活动现场

资讯
HANGZHOU INFORMATION

分享嘉宾人物名片

刘佐，中国法学会财税法学研究会副会长，历任国家税务总局新闻发言人、办公厅副主任，国家税务总局税收科学研究所所长（司长级），中国税务报社总编辑等职务。

由杭州市发展研究中心主办，杭商传媒、华语之声承办，杭州湾智库协办的《杭商半月谈》系列活动第三期，7月24日在湘湖国家旅游度假区金融小镇杭商传媒创作基地成功举行。

国家税务总局税收科学研究所前所长、中国税务报社前总编辑刘佐，做了主题为"新中国70年税制改革回顾和展望"的分享。

刘佐首先介绍了自身的工作经历，第一阶段主要从事税收管理工作，从政府层面了解到税法和政策制定的程序和背景；第二阶段进行了以问题为导向的研究工作，这个过程中他的思想观念、思考角度都产生了很大的变化；第三阶段他进入中国税务报社，从媒体的角度、社会的角度加深了对财税的认识。刘佐表示，在财税方面，与在座的企业家有共同的感受，共同的语言。

税收是国家筹集财政收入的主要手段，调节经济的重要杠杆，同时也是实现国家良好治理的基础和保障。刘佐对新中国五次大的税制改革进行了梳理和回顾。在计划经济阶段有三次税制改革，第一次是在1950年建立了新税制，之后在1958年、1973年进行了两次税制简化。

改革开放以后，截至目前进行了两次大规模的税制改革，首先是1983年至1984年，国营企业利改税和工商税制改革，其次是1994年的税制改革，建立了符合社会主义市场要求的税制体系。

刘佐表示："实行改革开放刚开始，70年代末80年代初我们是百元级的产品，比如手表、自行车、缝纫机之类，百十元一个。到了80年代中期我们就上升到千元级的产品了，彩电、冰箱、洗衣机开始进入老百姓的家庭，到90年代万元级产品就来了，比如说手机电脑等。经济发展这么快，跟行之有效的税制改革有很大的关系，这有利于生产力的发展。"

刘佐深入浅出地分析了这五次税制改革的背景、内容、成效，使在场的企业家对中国税制改革的历史脉络有了更为清晰的认知。

随后，刘佐对未来税制改革需要重点关注并解决的问题提出了自己的看法。他认为，第一，是要落实税收法定原则，从横向看立法、执法、司法，各个部门都面临着要落实税收法定原则的要求；第二，是合理调整宏观赋税，把税和费进行统筹考虑，既要减税也要缴费；第三，要优化税种结构，对于有关税收的取消、撤并甚至增加留出可以讨论的空间，同时对于所得税也要予以更高的关注。第四，是要合理配置中央税、地方税、共享税的比重，优化比例，和谐发展。

刘佐关于税制的分析资料翔实，举例生动，引发在场企业家踊跃提问。就企业家们关注度较高的房地产税、遗产税问题，刘佐表示，房地产税是为地方政府筹集财政资金的一种手段，跟土地使用权没有必然的联系。世界上很多国家的房地产税，不管土地是国有、私有的还是共有的，并不妨碍他们征收房地产税，这取决于征收房地产税的目的。

对于遗产税，刘佐认为不太可能开征。以前曾经有过开征遗产税的计划，也制定过条例草案，甚至曾经上报，但是后来基本上搁置。因为国际国内环境已经发生了很大的变化，为了吸引外资，进行国际投资和创业，现在越来越多的国家已经取消了遗产税。

活动现场，杭商传媒社长兼总编辑、杭州湾智库秘书长马晓才，为刘佐颁发了杭州湾智库特聘专家聘书。

杭商传媒社长兼总编辑马晓才、华语之声总编辑程雷生、达利（中国）总经理林典誉、和康医疗集团董事长钱培鑫、华语之声监事陈秋琴、舜达伟业集团董事长桑张耿、杭商传媒副社长李洁、杭商传媒副总经理何影丹、浙江省民营科技实业家协会秘书长黄钟吕、职达教育集团董事长张良洪、港宇卫生用品董事长许凤娟、通策宝群置业董事长吴吾美、凯晨建设董事长赵云、易之园林董事长白友其、杭商传媒执行董事马三三、中广股份总经理程洪、申万宏源营业部总经理任惠玲、鼎源资本CEO戴中坚、胜达集团副总裁王火红、浙江绿投副总裁王杨、长龙航空财务总监王进、杭商传媒外联主任陈哲成、中国企业家日报华东周刊外联主任王菁、宝杰新科技集团财务总监王文洁、衣邦人财务总监何霞、九鼎集团财务经理孙晓娥、慧居智能家居联合创始人丁梦佳、田野化纤财务总监周桂华、简赋科技商务总监苏正仁、大利税手网络科技商务经理王淇童、薪王信息技术商务经理王晓国等承办单位负责人、企业家及企业相关负责人出席活动。

《杭商半月谈》系列活动将每隔半个月举办一期，是党政界、媒体界、学术界、工商界四界联动，更好地为杭州的经济和文化建设服务的创新实践。

华语之声对本次活动进行了全程直播，杭商传媒将在公众微信平台播出实况录像。

责任编辑/楼燕红

资讯
HANGZHOU INFORMATION

学一点朗诵
——《杭商半月谈》第四期成功举办

□杭商全媒体记者 吴慧中/文 徐青青 李 靖/摄

■《杭商半月谈》第四期活动现场

分享嘉宾人物名片

杨苡：杭州电视台生活频道副总监、杭州文广集团播音指导、杭州市政协委员。从事电视工作20多年，策划、编导、主持的节目获全国电视文艺星光奖、中国电视新闻奖、五个一工程奖、牡丹奖等几十个奖项，撰写的业务论文获全国主持人金笔奖一等奖等奖项。被授予全国德艺双馨电视艺术工作者、全国城市电视台节目主持人，新中国"60年60人"、全国"到人民中去"优秀志愿者、G20杭州峰会浙江省先进个人、浙江省首届十佳广播电视理论工作者、省牡丹奖主持人一等奖，杭州市首届十大文化人物、市文艺突出贡献奖、市新闻人物奖等荣誉。

资讯
HANGZHOU INFORMATION

8月8日,《杭商半月谈》系列活动第四期在湘湖国家旅游度假区杭商传媒演播厅成功举办。杭州文广集团播音指导杨莅以"学一点朗诵"为主题,与30位企业家及党政领导一起分享朗诵的乐趣。

分享开始后,杨莅首先提出语言的重要性。她认为语言是人类的第一能力,语言的力量是无穷的。她表示学习语言不能轻易放弃,在交谈过程中要细心观察他人的爱好,要明白一强遮百丑,一柔显真功的道理。朗读的最大乐趣在于朗读者要站在作者灵魂的高度与深度上感受、表达感情,用生活的感悟去朗读,用朗读去感悟生活。技巧可以训练,感受无法替代。

接着,杨莅从朗诵要素、作品选择、内容理解、情感传递及常见问题五方面着手,分享自己多年的主持经验,传递朗诵的魅力。

互动始终贯穿每一个环节,杨莅邀请企业家、领导上台朗读作品,并分析、纠正他们在朗诵中存在的问题。寓教于乐,杨莅呈现了一堂生动有趣的朗诵课。她认为,选择朗诵作品的标准是耳熟能详有共鸣、生活观念有感触、跌宕起伏有悬念、触动心弦有情感、风趣幽默有兴致。

此外,杨莅还现场传授朗诵小技巧。第一,运用暗示、微笑、定三秒的三步法克服胆怯,树立台风;第二,通过练习口腔操、绕口令来训练基本功;第三,学会"双人舞",即眉飞色舞与手舞足蹈,增加舞台肢体语言;第四,用最接地气的语言、最打动人心的故事引起观众共鸣,产生情感交流。

最后,杨莅提出作为一个朗诵者,首先要讲好中国故事,做到自信、应变、修养、学士,注重形式创新,要相信好声音是有色彩的。

杭州市政协办公厅主任郭初民、杭州文化广播电视集团总编辑郑桂岚、杭商传媒社长兼总编辑马晓才、杭州市萧山区委宣传部副部长钱荣根、杭州市萧山区民政局局长董荼仙、华语之声总编辑程雷生、杭州崇文教育集团总校长俞国娣、杭州市萧山区人民政府台办副主任徐建红、杭商传媒副社长李洁、西苑餐饮集团董事长章金顺、中广股份董事长胡强、杭州电视台主持人周莹、浙江省贵州商会会长刘华钧、乾球科技董事长卢敬锋、浙江省民营科技实业家协会秘书长黄钟吕、杭州新浪潮文化传播有限公司董事长赵烈伟、杭州常桢美术馆创始人常巧凤、杭州市萧山区音乐舞蹈家协会秘书长叶子、杭州市萧山区群文学会秘书长邵菲、浙江泰杉文化科技有限公司总经理孟一新、杭州融光影业有限公司董事长黄晓东等承办单位负责人、企业家及领导出席活动。

华语之声对该活动进行全程直播,杭商传媒将于公众微信平台播出实况录像。

《杭商半月谈》由杭州市发展研究中心主办,杭商传媒、华语之声承办,杭州湾智库协办。活动每隔半个月举办一期,是党政界、媒体界、学术界、工商界四界联动,更好地为杭州的经济和文化建设服务的创新实践。

责任编辑/楼燕红

一图一世界
——《杭商半月谈》第五期成功举办

□杭商全媒体记者　毛海若/文　徐青青/摄

分享嘉宾人物名片

吴宗其：中国摄影家协会理事、浙江省摄影家协会主席。先后有千余幅摄影作品在国内外影展、影赛获奖、入选。其中《狂舞》获第十四届全国摄影艺术展览金牌奖。策划主管各种国内外大型摄影活动，并多次在中国、美国、巴西等地举办个人摄影作品展览，多幅作品被国内外博物馆、美术馆永久收藏。出版有《家在千岛湖》等多本个人摄影作品集。2018年获得第十二届中国摄影金像奖和第二届十杰人民摄影家称号。

资讯
HANGZHOU INFORMATION

■ 《杭商半月谈》第五期活动现场

8月30日，由杭州市发展研究中心主办，杭商传媒、华语之声承办，杭州湾智库协办的《杭商半月谈》系列活动第五期，在位于湘湖国家旅游度假区的杭商传媒创作基地成功举行。

作为本期分享嘉宾，浙江省摄影家协会主席吴宗其结合自己40多年来的摄影经历，为大家做了主题为"一图一世界"的精彩分享。

分享伊始，吴宗其结合大量珍贵的老照片，展示了家乡千岛湖的历史变迁。作为扎根千岛湖的摄影家，吴宗其表示家乡是生命的源头，创作的源泉，心灵的归宿，他要用影像讲好身边的故事。

接着，以成名作《狂舞》及诸多经典获奖作品的拍摄历程为例，吴宗其和大家分享了摄影作品背后的故事。他认为，摄影者不一定非要远赴海外，亲临名山大川才能拍出好的作品，摄影创作其实可以随时随地进行。好的摄影作品，先要打动自己才能打动别人。一个优秀的摄影师，要善于捕捉生活的瞬间，抓住时代的脉动，反映百姓的生活。

在谈到个人创作的秘诀时，吴宗其表示摄

影是一门门槛低、走廊深、台阶多的艺术，当今是一个人人都是摄影师的时代，拍摄照片很容易，拍出好作品却需要天时、地利、人和。拍出打动人心的照片的关键，就在于要用情感去按快门，用心去聆听世界，用心去体验生活。此外，他也指出精练得体、画龙点睛的标题也是优秀照片必不可少的一部分。

随后，吴宗其还和大家分享了自己丰富的海外参展经历，介绍了美国摄影学会(PSA)年度国际摄影展的参赛章程和评审过程。同时，他鼓励大陆摄影界同行要积极参加国际摄影赛事，和海外同行切磋交流，不断开拓眼界，提升技巧。

最后，吴宗其以自己多年来将摄影活动与社会实践相融合的经验为例，提出摄影不应单单是一门艺术，而是要和惠民活动相结合，为社会发展和经济建设服务，为人民服务，要在镜头之中定乾坤。

分享过程中，台湾中国摄影学会理事长郭奇男向大家介绍了台湾中国摄影学会的发展历史和浙江兰溪郎静山纪念馆的建设进程，并向大家发出了参访位于高雄市的台湾中国摄影学会的邀请。

在以乡风、乡韵、乡情为主题的吴宗其个人摄影作品音乐视频展播之后，活动进入互动环节。

大量美妙动人的照片加上吴宗其生动有趣的分享，引发了到场嘉宾的踊跃提问和个人拍摄心得的分享。吴宗其就大家关心的摄影技巧理论和参展办展事项做出了回应，他表示，摄影是一门综合艺术，既注重文学修养和美学构图，又强调平时拍摄经验的积累。想要拍出好作品就得不怕吃苦，深入群众。拍摄之后也要敢于展示、敢于交流，相互学习，不断进步。

活动现场，杭商传媒社长兼总编辑、杭州湾智库秘书长马晓才，为台湾中国摄影学会理事长郭奇男先生颁发了杭州湾智库特聘专家聘书。

浙江省委宣传部副巡视员、干部处长吴熔，台湾中国摄影学会理事长郭奇男，原浙江省政协民宗委主任鲍钢，民建浙江省委会副主委、民建杭州市委会主委郭清晔，杭商传媒社长兼总编辑马晓才，中国摄影学会副理事长刘维邦，华语之声总编辑程雷生等30余位领导和嘉宾出席活动。

华语之声对本次活动进行了全程直播，杭商传媒将于公众微信平台播出实况录像。

《杭商半月谈》活动每隔半个月举办一期，是党政界、媒体界、学术界、工商界四界联动，更好地为杭州的经济和文化建设服务的创新实践。

责任编辑/楼燕红

方洪波治下的"美的"新世界

□高冬梅/文

何享健的育人和放权

美的内部有一个广为流传的段子：中国家电业路在何方？中国家电业路在何、方。

"何"指的是美的创始人何享健，"方"指的是美的现任掌门方洪波。这个段子说的是二人的顺利交接班。

说起来，企业交接班问题过去很多年都是管理学界的一个热门话题。随着中国改革开放

后成长起来的第一代企业家逐渐到了该退休的年龄，却发现没有办法很好地解决交接班问题。

前几年，华为的轮值CEO制被热议，有名气的企业家们的子女也被置于聚光灯下任人评鉴。但是，很多国民企业的接班问题到现在还是悬而未决。

然而，美的，这个并不是最耀眼的本土传统制造业企业，却在一片安静祥和中顺利完成了创始人和职业经理人的交接班，开创了中国大型民营企业现代式传承的先河。

要知道，很多比何享健年轻很多的人都执着于权力不肯放下，甚至因为自己对权力的过度把控而给企业带来了危机，和他年龄差不多的人们或者拼搏在带领公司前进的第一线，或者在表面放下的同时做着幕后操控的事情，一有风吹草动就忍不住又奔到前台，而何享健却一直悠闲地打着高尔夫，用实际行动告诉外界，放下了就是放下了。

2012年8月，70岁的何享健宣布卸任美的集团董事长，总裁方洪波全面"接班"。千里马常有，而伯乐不常有，何享健因此成为"传贤不传子"的典范。而实际上，为了这一刻的到来，他已经默默准备了十几年。

事情引起广泛关注是在2004年12月。"太子登基"的传闻甚嚣尘上，为了稳定军心，堵住悠悠众口，何享健在集团员工大会上亲自公布了美的集团截止到彼时最大的一次结构性调整方案：

美的所有产业划分为两个二级集团公司——日用电器集团和制冷电器集团，分别由张河川和方洪波担任CEO。

这也就意味着，面对接班问题，何享健做出了出人意料的选择：不是家族成员而是经理人会最终接管美的集团的运营权。

■ 美的创始人何享健

美的集团前身是一个生产药瓶盖的生产组，成立于1968年，由何享健带着23个人，凑足5000元钱办起的。1980年，生产组开始进军家电领域，变成顺德县美的风扇厂。1992年进行股份制改造，1993年11月上市，成为中国第一批进行股份制改造、第一家上市的乡镇企业。

随之而来需要面对的是体制给企业发展带来的束缚，为此，从1998年起，何享健开始酝酿美的管理层收购。

2000年4月，美的集团管理层和工会共同出资组建了顺德市美托投资公司作为实现融资收购计划的平台，并分别于2000年5月和2001年1月两次协议受让当地镇政府下属公司持有的法人股，最终完成了管理层的MBO，从而改变了公司的所有权结构及资产结构，实现了企业经营运作的自主化。

体制问题解决并确立了经理人接管经营权后，何享健的最后一步是确定由谁接班，此时，方洪波作为候选人之一逐渐浮出水面。

在2012年前，方洪波是何享健欣赏的下属，是他的得力干将，他会花很多心思去调教这个年轻人。

每隔一段时间，何享健就会召见方洪波，把几张满满记录了他观察到的方洪波的纰漏的即时贴拿出来，一一指点给他：要让别人把话说完，不要太快做出反应；有些话，你说不合适……

何享健对方洪波的影响是潜移默化的，从生活习惯到思维方式。比如，生活中要低调、要包容，比如，要多读书。

2011年夏天，何享健从台湾给方洪波带回来一本书，让他好好读读，"这本书是讲人要无限大包容整个世界的，老板这是在暗示我情商还不够啊！"方洪波的理解说明他们之间的默契。

方洪波个性比较直爽，容易与人发生争论、冲突，何享健看到他的这一个性特点，会给他很多暗示，还会经常提醒他，看问题要用未来眼光，要站在全局注意处理好跟上下左右的关系。

为了历练方洪波，何享健会把他当作一个"即时贴"，贴到各个不同岗位上摔打磨炼。1995年，何享健把内刊编辑方洪波提拔为广告科经理，一年后又把他放到市场部当部长。

刚到而立之年，方洪波就被赋予承担带领销售公司起死回生的重任。2000年，他又被安排到美的空调事业部总经理的岗位上，还主导了美的对华凌、荣事达、小天鹅等的一系列并购，完成了美的冰箱、洗衣机的产业布局……

据说，何享健对方洪波有一种类似师徒甚至是父子的感情。二人观点不一致时，何享健会对方洪波循循善诱：有一些事你是对的，但是也有很多事你是错的，我是对的。当时我怎么说你也不服气，但是后来慢慢时间长了，你自己就会明白的。

岗位历练加谆谆教诲，一步一步，何享健把方洪波按照自己的方式打造成了未来的美的集团掌舵人。

在2012年8月正式交棒后，何享健对方洪波的支持表现为不干涉他的任何决定。把美的交给方洪波后，何享健没有继续"垂帘听政"，他不参加美的集团的会议，甚至一个月都见不到人，用实际行动告诉大家，如今，方洪波才是这个集团的负责人。

美的和何享健能够做到这一切都得益于美的在管理层MBO之后塑造的开放、授权的职业经理人文化。

在效率优先、提高执行力的思想指引下，何享健提出了他引以为傲的"赛马制"，即集团总部除了财务、预算、投资以及职业经理人的任免权力外，其他绝大部分权力都下放到下面的二级产业集团及所辖事业部。管理、决策、研发、生产、销售、人事权都高度自治，事业部总经理拥有几千万甚至几亿元资金的审批权。

这在美的内部被称为"标杆管理"。方洪波只是受益于这种管理机制的一个突出代表。

可以说，在建制、选人、育人、用人和放权方面，何享健在中国企业家里面做的是很突出的，体现了他果敢利落的个性特点和识人准确、用人不疑、敢于放手的眼光、心胸和格局。

方洪波的成长与颠覆

2019年1月16日，广州美的集团经营管理年会主会场，1400多位来自全球20多个国家的美

■ 美的现任掌门方洪波

的骨干员工肃穆以待，美的集团董事长方洪波在会上发表了讲话，号召大家深刻反省、直面问题、拥抱变化，为未来而生。

方洪波在讲话中说，改变是应对复杂局面和挑战最简单的答案；敢于改变，是美的发展史上最重要的资产；50年来，美的从未惧怕改变，永远要在最好的时候主动改变。

如今，美的已是市值2700亿元的"巨兽"公司，是国内唯一一家家电行业全产业链、全产品线的龙头企业，代表着中国制造业的转型升级。美的掌门人方洪波也借由带领美的转型成功而从一个职业经理人蜕变为一个真正的企业家，并成为传承中国企业家精神的代表。

回顾方洪波与美的的26年情缘，"改变"是这段关系的关键词。美的改变了他，他也颠覆了美的。

1992年，25岁的方洪波从位于湖北十堰的国有企业第二汽车制造厂，不远千里风尘仆仆加入位于广州佛山北滘的24岁的美的，做一名内刊编辑。

彼时位于顺德的美的工业区是一个封闭的世界，作为外地人的方洪波时时刻刻处于被本地人围观的状态。想想我们大学毕业工作了三年的时候，谁会愿意从国企去到一个乡镇企业工作？从这点上就可以看出，方洪波是既有判断力又敢于行动的人。

方洪波的一篇内刊文章被南方周末转载，这引起了何享健的注意，被时时带在身边。入职美的3年后，一次出差途中，他迎来了自己职业生涯中的第一次升迁，并在此后开始了火箭式升迁的历程。

在方洪波漫长的美的生涯中，曾经解决问题无数。其中最关键的有两次，第一次是在美的集团空调事业部国内营销公司总经理任上，他重构了美的的销售体系。

热爱诗歌、平日斯斯文文的方洪波一到风云变幻的战场上，杀伐决断颇有气势，面对棘手的人事物，手起刀落、从不手软。或许这一点才是何享健对他的真传。

那是1997年，美的正处于艰难时局之中。一方面，在亚洲金融危机冲击下，家电市场环境骤然恶化，美的依赖的统购统销、大代理销售模式失灵，公司业绩迅速下滑，被政府逼着与其他家电公司合并；另一方面，方洪波的前任总经理构建了一个只听命于他的销售团队，这个团队构建了一个90%以上都是顺德本地人的代理销售体系，"很不讲理，根本没办法沟通"。

如何打破固有销售思维模式、应对时局变化在公司生死存亡之际给了方洪波很大压力。他选择了"进"，而且是激进。

方洪波向何享健建议，顺德本地市场代理龙头不利于公司发展优质客户，要"全部干掉"。要知道，何享健在顺德土生土长，这些方洪波想拿掉的人中，与他认识多年、非亲即故。

这件事情的难度有多大，一个细节可见一斑。在2000年前，美的公司内部年终会议的官方语言是顺德本地话。另外，方洪波的宝马车还被人砸了。

不过，何享健短暂思考后，告诉方洪波"你想怎么干，就怎么干"，并让人把方洪波被砸的车开到工厂大门前，警示效尤。

在何享健的支持下，方洪波大刀阔斧地对销售队伍进行了彻底改造，大量起用应届大学毕业生。为了保证人员质量，他亲自招聘、制订严密的培训计划，每批只有15个录取名额。一年下来，他在全国录取了19批大学生销售员。这在当时是很有开创精神的举措。

这批人后来成了声名在外的"飞虎队"，在1998年的空调大战中，美的空调销售业绩几乎比1997年翻了一番，销量达到90万台，增长速度达到200%，销售收入超过50亿元。

这让方洪波赢得了何享健更进一步的肯定。当年7月的一次活动上，何享健悄悄告诉他：公司形势变得这么好，我最开心的不是销售业绩的增长，也不是挣了很多钱，而是我的判断没有错，没有用错人。

方洪波对美的的第二次改变是强势为美的瘦身。2010年，美的营收突破千亿元大关，但是效率低下的问题却开始显现。

销售体系变革已经过去十年，这十年间美的发展相对比较平顺。空调大战胜出的美的业绩持续稳定增长，2000年公司营收突破百亿元。

自2002年开始，已经上任美的制冷电器集团总裁的方洪波协助何享健展开全国性并购并对新收购企业进行整合。此间一个突出案例是华凌，美的入驻3年间，它从2004年的巨额亏损和债务缠身转为盈利。2008年，方洪波顶住重重压力，独立完成对小天鹅的收购。

即便是金融危机的到来也只短暂影响了美的的业绩。"家电下乡"政策让本该受到冲击的中国家电行业神奇地异军突起，2010年、2011年两年，美的销售产值均实现了大幅增长。

然而，危机总是与繁盛相伴。在美的顺利成为千亿俱乐部成员的同时，深层次问题也在逐渐暴露。一个订单给美的发起了警示。

这个发至美国的订单金额1亿多美元，但是完成订单美的却要亏损2亿元人民币，这引起了何享健的注意。为了弄清真相，他参加了一次空调海外订单检讨会，这次会议让他下定决心确定方洪波为自己的接班人并"再造一个美的"。

2012年，方洪波44岁，当何享健在盛大庆典上宣布"再造美的"计划的时候，他感到前所未有的意气风发，撸起袖子大干一场的时机到了。

接班后的方洪波开启了一轮新改革，再一次让人们震惊于他的凶猛彪悍：大规模裁员、大量变卖土地，裁员近7万人，关停十多个工业园区与制造基地。

这一轮改革被外界用"壮士断腕""暴风骤雨"来形容。方洪波重新梳理了美的核心价值和业务重心，通过业务重整实现彻底转型，重塑美的的核心竞争力。整顿过程中针对非核心主业和边缘产品，手起刀落、利落果决。

年销售额好几个亿，亏损时一年最多到6000万元，与主业无关的工业电子厂，管理层一直在犹豫是否退出，方洪波过问后，不出半年就被卖掉了；新建工厂，设备全新，但跟主业无关，被他说卖就卖；对于毛利率低，又没有发展潜力的订单，也是说砍就砍。

半年时间里，他砍掉了非家电业务的产品型号7000个，诸如电熨斗、剃须刀等全部退出和关闭，停止了30余个产品平台的运行，改为深度聚焦于白电板块。

与业务关停伴随的是人员的极大精减。一年内管理人员缩减了1万人，共计减员近7万人。

这些措施，特别是大规模的裁员把方洪波推向了舆论的风口浪尖。这样的主动"作死"，不仅让地方政府和合作伙伴不理解，内部反对声音也很强烈，很多员工乃至高管都无法适应新的模式和思路，有愤怒的被裁员工在网上大肆传播美的负面消息，公司市值受到了很大影响。

曾经在酒桌上，一位元老当着何享健的面就说："你知道美的市值为什么这么低吗？就是投资人觉得你的战略方向有问题，和盈利多少没有关系。"

方洪波顶住各种压力，提出"产品领先、效率驱动、全球经营"的方针，坚定地执行自己的战略计划，对核心业务和核心产品增加资源投入，提升竞争力和利润率，同时推动美的25个独立的产品事业部整体上市。

管理思想大师查尔斯·汉迪在一次旅途中向当地人问路，当地人告诉他，一直往前走，就会

看到一个叫Davy的酒吧，在离酒吧还有半里路的地方，往右转，就能到他要去的地方。

在指路人离开之后他才明白过来，指路人说的话一点用都没有。因为当他知道该从哪儿拐的时候，他已经错过那个地方了。

这是在类比企业在选择并同时执行新战略时会有多难，"当你知道该走向何处时，你往往已经没有机会走了"。

方洪波对这种状态的感受应该更为强烈：在高速公路上开车，维持120公里的速度同时准备提速到150公里，突然被告知这条路快到尽头了，你要赶紧找到另外一条高速公路。美的当时就是这个状况。

面对内外部反应，方洪波没有辩解，要求公司所有高管要忍得住：忍得住外部非议、忍得住收入下降、忍得住政府和员工的质疑。

2013年美的集团整体上市，市值跌至500亿元左右。不过，年底现金流、库存、营收、利润率等指标就出现了回升迹象。2015年美的营收重回2011年的水平，但利润率却是当时的3倍，曾经以规模大、营收高为特点的美的，变成了竞争力强、会赚钱的公司。

2016～2017年，49岁的美的数度问鼎深市市值第一，重新受到资本热捧。方洪波的企业家身份也得以确立，个人身价增至55亿元人民币。

美的新世界

如今的美的位居国产白电三巨头之一。现下，美的不仅产品线齐全，覆盖范围广阔，而且产品质量水平较高，都稳居行业第二三名的位置。但是因为方洪波的低调，美的关注度不像格力、海尔那么高。

最近两年，美的引起广泛关注的一次是其以292亿元、溢价36.2%的大手笔，成功拿下德国库卡，借此迈开了成为国际化科技公司的步伐。

2015～2016年，国内家电行业过了高速扩张粗放发展的阶段，增长速度放缓。家电公司需要寻找新的增长点。美的为此推出了"双智"战略，即"智慧家居＋智能制造"，意在提高劳动生产率和制造水平的同时在机器人产业上布局全球市场，"双智"分别对应服务机器人市场和工业机器人市场。

美的迅速瞄准了机器人四大家族之一的库卡公司。一方面是因为与其他三大家族相比，库卡收购难度和成本较低，其主要业务全部与机器人高度相关，包含机器人本体制造、系统集成以及物流运输三大板块。

另一方面其在技术与专利方面的价值不可小觑，截至2016年6月8日其在全球共公开3907件专利和专利申请，技术内容几乎均与机器人及自动化技术相关，141件五局专利数（指一个专利权人在中、美、欧、日、韩五个专利局同时拥有专利权的专利数量）凸显了其核心技术力量的雄厚，以及其在全球主要市场上的产业地位之高。

美的早在2010年就开始广泛应用机器人，把工人数量从2011年的5万多人降到了2014年的2.6万人，同时营收规模提高了200亿元。自2012年开始，美的累计投入使用近千台机器人，自动化改造费用约50亿元。如能整合库卡的技术和设备，美的生产线的制造水平还会大幅提升。

不仅如此，除了满足自身需求外，机器人业务还有广阔的市场，库卡20多个子公司在全球构筑了渠道和销售网络，能够帮助美的更顺利地打开欧洲市场。

因此，美的于2017年初完成对库卡的收购，这一举措大大提升了美的在智能制造领域的能力，提高了其品牌影响力并在全球塑造了高端制造的形象。

收购机器人公司的举动在外界看来似乎有点突兀，但这恰是方洪波应对时代变化，带领美的转型的必然举措。

2013年前后，方洪波关注到了互联网的新变化。互联网公司的快速发展模式给了他很多启示，比如小米，成立4年就估值450亿美元，是美的、格力、海尔三大家电厂商A股市值的总和。

他认为小米在满足消费者需求中的思路是传统制造业需要补足的，但是美的缺少互联网基因，想做互联网要靠合作，所以他迅速推动美的与京东、小米、阿里等互联网界翘楚建立战略合作伙伴关系，在产品、智能交互、硬件、软件等各个层面进行合作。

但"互联网只是基础设施，最终结果还是要提升实体经济的创新力和生产力"，也就是说，仅借助外力是不够的，还要夯实自己的内功。于是，方洪波带领美的确立了打造科技企业的转型方向。

为此他延请在美国GE总部工作了12年的胡自强带头为美的搭建现代研发和创新体系，还不惜重金在海外多地建立研发中心，高薪聘请全球科技人才，把目光投放到更前沿的科技新领域。机器人为代表的智能化业务是美的为自己选择的"第二赛道"，这才有了收购库卡的案例。

"收购库卡"曾惊动德国政商两界，被外界认为是中国企业海外并购的经典案例。此后美的又多次收购机器人公司。

随着转型的渐趋成功，美的的形象和地位也在提升。2017年7月，美的是在《财富》杂志发布的世界500强名单中唯一一家上榜的中国家电企业，排名第450位，较上年提升了31位。同年，美的全球营收创造行业新高，首次突破2000亿元，达到2419亿元。2018年，美的《财富》500强排名从第450位上升至第323位，比同时上榜的海尔高出176个身位。

在方洪波的带领下，美的终于走进了一个新世界，他没有辜负何享健的期待和信任。

然而，这并不是方洪波的终点。没有安全感的他不断发表"盛世危言"，号召大家同心协力，跑步进入全球化、科技化的新时代，向"伟大企业"的目标发出挑战。

责任编辑／沈意
本文图片为资料图片

怡和洋行与李嘉诚往事

□ 冯 仑/文

今天跟大家讲讲，怡和洋行这家著名的英资企业是如何做成百年企业，并且积攒下来巨额财富的。

这么多年，我时常出差，每年都要飞一百五六十次。多数时候我的第一选择是住在文华东方酒店，不光因为这个酒店背后的主人和我有很密切的关系、交集，关键是这个主人家的故事，总是浮现在我脑海里，让我每一次住在文华东方酒店的时候，觉得在历史当中滋润着，给我很多启迪。

文华东方酒店的主人家是谁呢？我们读近代历史的时候，经常会讲到英资怡和洋行。之前我也推荐过一本书叫《洋行之王》，讲的就是这家企业——怡和集团的历史兴衰故事。

怡和集团有近两百年的历史了，它最早叫渣甸洋行。创办者是两个苏格兰年轻人，一个叫威廉·渣甸，另一个叫詹姆士·马地臣。

这两个年轻人其实是学医的，当时东印度公司需要招募两个人到做贸易的大船上，帮人看看病。时间长了，他们发现帮人看病，赚钱太少，而在船上拉东西，做贸易，赚钱会更多。

于是这两个年轻人就放弃了在船上做医生、给人打工的工作，到岸上成立了渣甸洋行，开始做贸易。就这样他们在广州开始了创业。

1841年香港开埠的初期，他们买下了香港第一个公开拍卖的土地，然后开始在香港置业，也就是今天的房地产业务。

1843年，他们又在上海拍得了一块土地。怡和洋行后来参与了中国很多经济的进程，比如1876年在上海兴建了第一条吴淞铁路，安装中国第一部电梯，引入各种机械设备。直到1912年，怡和公司的总部一直在上海。

1954年，怡和洋行被退出了内地。但是在香港，怡和洋行的事业在一位年轻人手里得到了复生。这位年轻人就是今天怡和洋行的主席凯瑟克先生。当时他20多岁，非常年轻，以仅有的5000万港元继续他的生意。

在失掉了内地所有的生意之后他继续开始，我们今天叫作二次创业。到1984年他把公司又迁到了百慕大，总部搬到了伦敦。这家企业是鸦片战争前后在中国设立的一家很老的企业，一直延续到今天。

今天它是全球500强，雇用了40多万职工。

在香港我们看到很多怡和的标签，坐飞机可以看见机场管理推过来的步梯车上面都有洋行。怡和旗下还有牛奶公司文华酒店、美心快餐，还有Seven-Eleven等，它有很多东西，当然更重要的是在中环他有7栋特别值钱的物业，中环的置地广场、证券广场等。

这个主人家绵延差不多两百年的故事，其实一直引起我很多的好奇。

我跟凯瑟克先生也有很多交流，每年夏天的时候我经常会去他在伦敦附近的一个庄园住两天，跟他们聊聊天。

在这个过程当中，有一件事情我印象特别深刻：有一天我和几个朋友一大早起来奔庄园去，一进庄园门，老先生非常高兴，他知道我们每次来都是聊天的。所以他特意准备了两张纸，然后拿这两张纸跟我们说，今天我心情特别好，天气也特别好，我很高兴。

因为大家要通过翻译才了解，我们有点不解，不知道这两张纸里头有什么样的故事让他这么高兴？于是我们就好奇地问了一下。

老先生不紧不慢地拿了一张纸说，今天我的市值超过了李嘉诚，我们觉得这是挺高兴的事。那第二张纸是什么呢？他说，第二张纸是我十几年来的投资，按每年的回报我超过了巴菲特。我们就特别好奇，怎么做到的呢？

于是我们坐下来开始聊天，我们问老先生很多的事情，但是不管问了多少事情，其实合在一起就是问他一个事情，他怎么能做到这两件事，背后的逻辑、故事、秘诀、方法是什么呢？

他以特有的英式幽默，只说了一句话，这句话翻译成中文就是：减少决策。

我们就问，怎么叫减少决策呢，每天要应对这么多的事情，总得决策。

他就说，我的经验就是当你决策多的时候，事实上你失败更多。因为你频繁决策，你的信息不完全，由于时间紧，你会有很多盲点，另外进入很多新的领域，接受不必要的诱惑，都会导致失败。只有一直做那些没有停下来的事情，一点一点把它完善好、修复好、整理好，那么这些事情最后创造了最大价值，而那些东一下、西一下的事情挣不了什么大钱。

这是很值得思考的一个问题，当然我们都说巴菲特也是价值投资，长期持有，其实也是减少决策啊，而不是今天进明天出，所以有点异曲同工。我们就问他，怎么减少决策？

他举了一个例子，就是怡和与李嘉诚之间发生的往事。

怡和是英资，李嘉诚是华资，李嘉诚对香港置地一直有非常大的兴趣。于是在 1978 年和 1988 年分别发起了两次收购，但都没有成功。

1978 年李嘉诚看好了九龙仓，开始吸纳九龙仓的股票，这不但引来了股民的疯狂跟随，也引起了大股东怡和的警觉。

这时候怡和正经历海外收购失利，所以就请汇丰银行出来当中间人和李嘉诚讲和，于是李嘉诚就把自己手里九龙仓的股份以高价转卖给了包玉刚，这是第一次谈判的结果。

虽然李嘉诚没有并购成功，怡和仍然失去了九龙仓，但却从中赚了好几亿元，也不算太吃亏。这笔钱后来用于购买香港置地的股票，并将香港置地归集到怡和的名下。

但因为政局的影响，香港当时的市场也比较冷，怡和在大环境影响下也面临一些困难，这时候李嘉诚又一次出手想要收购香港置地，这是怡和与李嘉诚以及其他华资财团进行的一场特别较量，之后终于坐下来谈判，最终港资对怡和的狙击仍然以和谈收场。

收场是怎么个收法呢？这两个高人签了一份很有意思的合同：李嘉诚每年减持 1%，怡和每年增持 1%，也就是怡和每年从李嘉诚手里收 1%，李嘉诚每年转让给怡和 1%，但每年的价钱随行就市。这个合约要执行多少年呢？一共要执行 26 年，李嘉诚才彻底从香港置地退出，直到 26 年之后，怡和才重新控制了香港置地 51% 的股份。

做了一个决定，然后坚持 26 年，没有再做第二个决定，比如说把它卖了，或者重组再折腾，这就是凯瑟克先生讲的减少决策。那么结果是什么呢，这个结果是双赢。

由于香港置地每年有 1% 给了怡和，怡和就从李嘉诚这拿到 1%，他的股份越来越多，他对企业管理投入的精力，投入的资源和心力就越来越多，于是香港置地就越来越好，而李嘉诚每年卖 1% 随行就市的价格，他每年都没吃亏，比一次卖掉要多赚很多钱，所以经过了 26 年以后，香港置地的价值大大地提升，而且拥有香港中环核心地段，最主要的物业。

那么，公司市值和管理的资产在香港虽然有很多的变化，但它实际的价值和管理的资产和国内现在最大的快速销售的这些公司相比不相上下。所以有很多事情是做多好，还是做少好？快速地动好，还是安稳地静好？是连续朝一个方向积累好，还是四处出击好？

这些选择对于一个企业家和商人来说是每天都会碰到的，但是凯瑟克先生告诉我们的结论是和巴菲特类似，就是减少决策，静比动好，少比多好，精比粗放好，耐心是赢取财富的最主要的法宝。

凯瑟克先生现在快 80 岁了，每天仍然很勤奋地去伦敦办公室上班。既然减少决策还要努力上班，这话不太好理解。

老人家又说，虽然我不决策，但我要看着我原来的决策是否能够沿着原来的方向持续地变化，而不应该闭着眼睛睡大觉，因为市场的声音非常多，你到底怎么听，怎么看，这是很重要的。

我问他，市场怎么判断，应该怎么看呢？

有一天早饭的时候，他指了指边上他的老朋友，后来他介绍说这位先生是香港股票交易所的第一任总经理，那一天老先生在看伦敦《金融时报》，他把报纸放下抬起头，看着我微笑地说了一句话，"市场的鼻子很长"。

我就觉得英国人的幽默很有意思。"市场的鼻子很长"，也就是说市场上传达的信息需要非常仔细地去嗅、去闻、去把握，因为市场可以预告未来很久以后会发生的事情，而这段时间很长，所以说市场的鼻子很长，就像大象的鼻子一样，它舞动的范围很大，也非常灵敏，其实应该特别注意。

这时候凯瑟克老先生补充，他讲到市场上声音很多，怎么做呢？老人家又说了一句非常经典的话——用心倾听，朝相反方向做。

市场的鼻子很长，你听了非常多的声音，各种各样的说法，但是你怎么去判断，怎么去决策呢？那就是"用心倾听，朝相反方向做"。

比如说，现在有人说国内的房地产要快速周转，快速销售，价格越来越高，其规模、成本、速度很重要，市场上媒体、分析师很多人都这么讲。那么按老先生的话说，就是用心倾听，但是要朝相反方向做。

做什么呢，就是在住宅以外去持有那些最有价值的物业，用置地的话来讲，就是在最贵的地上，建品质最好的物业，租给最有钱的人，这叫用心倾听，朝相反的方向做。结果证明他们一次一次，朝相反方向做了然后减少决策，耗时间，耐心去争取最后的成功，而且是大成功。

其实后来发现，不光是怡和，在房地产领域我还看到另一个类似的故事，就是在北京国贸，嘉里花了30年在北京国贸一期、二期、三期，建了100万平方米的建筑，这就是北京目前品质最高的物业，这30年才建了100万平方米品质最高的物业。它创造的价值是多少，这个公司现在物业的价值超过了1500亿元，可是它这30年就做这么一件事，在北京也不贷款，慢慢地把公司做好。

我们几个年轻人在30年前从北京开始做房地产，由一个公司做成了6个公司，一人做一个公司，每个人都做，差不多在CBD有小一半的物业是我们折腾起来的。可是我们今天的价值呢，我们做了卖，卖了做，然后不停地折腾，今天的价值可能还抵不上别人的1/10。

由此更进一步体会到，在大市场发生变化的时候，应该吸取怡和洋行这些老公司的经验。

老先生这两句话值得我们反复玩味，所以我再说一遍。

第一句话，当很多事情诱惑的时候，一定要提醒自己减少决策。

第二句话，市场的鼻子很长，我们应该眼观六路，耳听八方，用心倾听，朝相反方向做，为人所不为，用时间来证明你。

朝相反方向做，同时减少决策，坚持下去，这就是老先生告诉我的成功之道。

责任编辑/沈丽萍

W 详情请登录
紧商螺丝城交易平台
www.jinshang9.com

紧商科技

全国服务热线：
0571/5717/3777

  紧商科技股份有限公司前身是杭州一键通电子商务有限公司，成立于2009年。2016年2月紧商科技股份有限公司在一键通的基础上组建，注册资本6000万元，完成第一轮增资，实收资本1.47亿元，计划投资15亿元。先后荣获中国电子商务行业最具创新奖、互联网平台金鹰奖、优秀流通平台等奖项，得到市场的认可和客户的信任。

  紧商科技以紧固件行业生产为后盾，以汇聚全球信息、共享行业资源为方针，市场需求为导向，通过"紧商网"为链接，整合行业上、下游资源，为企业提供生产原、辅材料及相关企业需求的日常生活用品，为企业提供"一站式"服务。

  紧商科技将在温州建立紧商电子商务产业园基地，从价值链上游解决企业产品设计缺失问题，帮助企业打造自主产品，在全国范围内为核心供应商提供品牌推广服务；在长三角地区以杭州湾为中心建立集仓储、物流、配送及配套服务为一体的综合性管理总部——仓储物流中心；在珠三角、长三角、渤海湾以及西南地区建立物流配送基地。

◎地址：杭州市萧山区党湾镇镇中路9号 ◎邮编：311221 ◎电话：0571-57173777 ◎传真：0571-83693829

浙江数通

◎地址：杭州市萧山区进化工业区
◎电话：0571-82356777　82453633
◎传真：0571-82356978　82356678
◎http：//www.zjstong.cn　E-mail：zjstong@163.com

优良的品质·实惠的价格·快捷的服务

浙江数通实业有限公司前身是萧山数达机械有限公司，具有20多年的机械加工从业经验，是杭州市级技术研发中心，也是国家级高新技术企业，并已经通过了ISO9001—2008国际质量体系认证，且被授予"国家级高新技术企业"称号。

目前公司已有国家发明专利2项，实用新型专利15项，已初步成为一家集研发制造和销售服务为一体的橡机设备制造企业。

公司的主要产品是轮胎液压硫化机，如液压四模型定型硫化机、液压多层硫化机、液压三层定型硫化机、液压双模定型硫化机、液压双层垫带硫化机、液压工程垫带硫化机、液压机模一体定型硫化机、机械式单模定型硫化机等，公司产品以"优良的品质，实惠的价格，快捷的服务"受到客户的一致好评。

锦江环境 JINJIANG ENVIRONMENT
中国垃圾发电产业引领者

自2007年8月投产运行至今,已处理萧山城区、南片及东片大部区域生活垃圾472万吨,发电量16.3亿度。已连续安全、环保处置了当地220万人口产生的垃圾总量的50%以上,实现了垃圾处置"资源化、无害化、减量化"的目标。

安 全 运 行 / 环 保 运 行 / 经 济 运 行

杭州萧山锦江绿色能源有限公司

- 地址:杭州市湖墅南路111号锦江大厦
- 邮编:310005
- 电话:0571-88389111
- 传真:0571-88388848
- http://www.jinjiang-group.com

豪康幕墙装饰

TEL/0571/8278/9822

  公司是集建筑幕墙及铝合金门窗生产制作、工程设计、施工安装和售后服务于一体的建筑化施工企业。公司创立于2003年，在铝合金门窗、幕墙、塑钢窗、钢结构、铝合金室内外扶栏等制作及施工安装等方面有十多年的经验和技术积累。

  公司占地3万多平方米，拥有先进的幕墙和门窗加工生产流水线，具备年产50万平方米幕墙和门窗加工能力，具有中高级工程技术人员60人，熟练掌握建筑幕墙技术和高空作业人员1200人。

  凭着"诚信立业、信用为本、用户至上、创新发展"的经营理念和"标准化设计、工厂化生产、装配化施工、优质化服务"的经营模式，公司已发展成浙江省幕墙及门窗行业的知名企业，是浙江省建设金属制品协会会员单位，杭州市萧山区私营（民营）企业协会会员单位。

  公司先后承建了杭州金信大厦、绿都世贸广场、宁波物流信息港、杭长铁安居示范工程等诸多省内外重点工程。其中，绿都四季花城工程获"西湖杯优良工程"，万豪广场工程获"西湖杯优良工程"，上海浦东国际机场工程被评为优良工程，工程质量获得业主及同行的一致好评。

杭州豪康幕墙装饰有限公司

◎ 地址：杭州市萧山区所前镇果园路98号 ◎ 电话：0571-82789822 82368836
◎ http://www.hzhkmq.com ◎ E-mail：web@hzhkmq.com

浙江汇德隆实业集团有限公司

汇德隆集团创建于1987年，是横跨多个产业的大型集团，注册资本1.5亿元，在职员工8000人，拥有大小零售商场32个，总经营面积28.3万余平方米。

公司拥有汇德隆家电连锁、汇德隆·银隆百货、汇德隆食品连锁及汇德隆广告等多家经营实体，连续12年获浙江省服务百强企业、连续15年获杭州市服务业百强、连续22年获萧山区百强、连续21年获萧山区税费百强称号。

◎地址：杭州市萧山区市心中路298号　◎电话：0571-82651030　◎http：//www.zjhdl.cn　◎E-mail：zjhdljt@163.com

HANGSHANG GALLERY

您可以在以下场所阅读到本刊 （排序不分先后）

地址：杭州之江大道200号
电话：0571-8709 7799

FUCHUN RESORT *Hangzhou*
富春山居高尔夫俱乐部
地址：富阳市杭富沿江公路富阳段
电话：0571-6346 1111

Hilton SANYA YALONG BAY RESORT & SPA
金茂三亚亚龙湾希尔顿大酒店
地址：三亚市亚龙湾国家旅游度假区
电话：0898-8858 8888

MARRIOTT RESORT SANYA YALONG BAY
三亚亚龙湾万豪度假酒店
地址：三亚市亚龙湾国家旅游度假区
电话：0898-8856 8888

杭州西湖国宾馆
HANGZHOU XIHU STATE GUESTHOUSE
地址：杭州市杨公堤18号
电话：0571-8797 9889

杭州香格里拉饭店
Shangri-La hotel
HANGZHOU, CHINA
地址：杭州市北山路78号
电话：0571-8797 7951

浦东香格里拉大酒店
Pudong Shangri-La
SHANGHAI
地址：上海浦东富城路33号
电话：021-2828 6319

FOUR SEASONS HOTEL
Hangzhou at West Lake
地址：杭州市灵隐路5号
电话：0571-8829 8888

杭州开元名都大酒店
NEW CENTURY GRAND HOTEL HANGZHOU
HANGZHOU CHINA
地址：杭州市萧山区市心中路818号
电话：0571-8288 8888

浙商开元名都酒店
GRAND NEW CENTURY HOTEL
Yuhang Hangzhou
地址：杭州市余杭区南苑街道迎宾路535号
电话：0571-8857 8888

海南棋子湾开元度假村
NEW CENTURY RESORT
Qizi Bay Hainan
地址：海南昌江棋子湾旅游景区广德路
电话：0898-3115 6666

杭州盛泰开元名都大酒店
GRAND NEW CENTURY HOTEL
Xiasha Hangzhou
地址：杭州经济技术开发区5号大街297号
电话：0571-8827 9999

绍兴开元名都大酒店
NEW CENTURY GRAND HOTEL SHAOXING
SHAOXING CHINA
地址：绍兴市越城区人民东路278号
电话：0575-8809 8888

诸暨耀江开元名都大酒店
YAOJIANG NEW CENTURY GRAND HOTEL ZHUJI
SHAOXING CHINA
地址：诸暨市环城东路207号
电话：0575-8879 8888

杭州千岛湖开元度假村
NEW CENTURY RESORT QIANDAO LAKE HANGZHOU
HANGZHOU CHINA
地址：杭州市淳安千岛湖镇麒麟半岛
电话：0571-6501 8888

杭州千岛龙庭开元大酒店
LONGTING NEW CENTURY HOTEL QIANDAO LAKE HANGZHOU
HANGZHOU CHINA
地址：杭州市淳安县千岛湖环湖南路1号
电话：0571-6506 8888

浙江三立开元名都大酒店
SANLI NEW CENTURY GRAND HOTEL ZHEJIANG
HANGZHOU CHINA
地址：杭州市下城区绍兴路538号
电话：0571-8509 9999

桐庐开元名都大酒店
NEW CENTURY GRAND HOTEL TONGLU
HANGZHOU CHINA
地址：杭州市桐庐白云源路999号
电话：0571-6981 8888

余姚四明湖开元山庄
NEW CENTURY RESORT SIMING LAKE
YUYAO CHINA
地址：余姚市梁弄镇狮子山
电话：0574-6237 7777

DAYU KAIYUAN
大禹·開元
地址：绍兴市二环南路1988号
电话：0575-8829 8888

IMeet HOTEL 美丽相约	**SOFITEL** LUXURY HOTELS 杭州索菲特西湖大酒店 HANGZHOU WESTLAKE	杭州湘湖（逸庐）度假酒店	**CROWNE PLAZA** HANGZHOU XANADU RESORT 杭州世外桃源皇冠假日酒店
地址：云南省大理市大理古城北门街160号 电话：0872-2380 666	地址：杭州市西湖大道333号 电话：0571-8707 5858	地址：杭州市萧山区城厢街道湘湖路697号 电话：0571-8222 7777	地址：杭州市萧山区湘湖路3318号 电话：0571-8388 0888

INTERCONTINENTAL ONE THOUSAND ISLAND LAKE RESORT 千岛湖洲际度假酒店	**Hilton** HANGZHOU QIANDAO LAKE RESORT 杭州千岛湖滨江希尔顿度假酒店	**NARADA** Resort & Spa QIANDAO LAKE·CHINA 千岛湖梅地亚君澜度假酒店	千岛湖润和建国度假酒店 QIANDAOHU RUNHE JIANGUO HOTEL 杭州 HANGZHOU
地址：淳安县千岛湖镇羡山半岛 电话：0571-8881 8888	地址：淳安县千岛湖环湖北路600号 电话：0571-6508 6666	地址：淳安县千岛湖镇梦姑路488号 电话：0571-6498 8888	地址：淳安县千岛湖镇梦姑路298号 电话：0571-6508 9999

BRIGHT Resort Qiandao Lake 千岛湖伯瑞特度假酒店	千岛湖温馨岛蝶来度假酒店 DEEFLY THOUSAND-ISLAND LAKE HANGZHOU	**Sheraton** Hangzhou WETLAND PARK RESORT 杭州西溪喜来登度假酒店	**WU ZHI ZHOU CORAL HOTEL** 蜈支洲岛珊瑚酒店
地址：淳安县千岛湖镇港口路369号 电话：0571-6499 7777	地址：杭州市淳安县千岛湖镇温馨岛 电话：0571-6501 2888	地址：杭州市紫金港路西溪天堂 电话：0571-8500 2222	地址：三亚市海棠湾镇蜈支洲岛 电话：0898-8885 3666

ZHEJIANG NARADA GRAND HOTEL 浙江世贸君澜大饭店 ★★★★★	**FOUR POINTS** BY SHERATON Hangzhou Binjiang 杭州龙禧福朋喜来登集团酒店	蝶来浙江宾馆 DEEFLY ZHEJIANG HOTEL	**BANYAN TREE** HANGZHOU 杭州西溪悦榕庄
地址：杭州市曙光路122号 电话：0571-8799 0888	地址：杭州市滨江区东信大道868号 电话：0571-2887 8888	地址：杭州市三台山路278号 电话：0571-8718 0808	地址：西湖区紫金港路21号西溪天堂 电话：0571-8586 0000

ANGSANA 杭州西溪 悦椿度假酒店	**XIXI HOTEL** HANGZHOU 杭州西溪宾馆	**GRAND METRO Park HOTEL** 杭州维景国际大酒店 Hangzhou ★★★★★	**GRAND PARKRAY HANGZHOU** 杭州雷迪森铂丽大饭店
地址：西湖区紫金港路21号西溪天堂 电话：0571-8500 2000	地址：杭州市西湖区文二西路803号 电话：0571-8539 6666	地址：杭州市平海路2号 电话：0571-8708 8088	地址：杭州市萧山区市心北路108号 电话：0571-8378 8888

LANDISON PLAZA HOTEL HANGZHOU 杭州国大雷迪森广场酒店	**LANDISON** LONGJING RESORT HANGZHOU 杭州龙井雷迪森庄园	**LANDISON** RESORT TONGLU 桐庐雷迪森度假酒店	**LANDISON** TAI LAKE RESORT HUZHOU 湖州太湖雷迪森温泉度假酒店 ★★★★★
地址：杭州市下城区体育场路333号 电话：0571-8515 8888	地址：杭州市西湖区龙井路里鸡笼山86号 电话：0571-8691 6666	地址：杭州市桐庐城南街道金中路1号 电话：0571-6433 3999	地址：太湖旅游度假区梅洲路288号 电话：0572-213 6688

LEIDISEN WINNING HOTEL
雷迪森万锦大酒店
地址：上虞市民大道555号
电话：0575-8279 8888

LANDISON
PUTUOSHAN RESORT ZHOUSHAN
舟山普陀山雷迪森庄园
地址：舟山市普陀山法雨路115号
电话：0580-669 0666

舟山凤凰岛雷迪森假日酒店
PHOENIX ISLAND RESORT ZHOUSHAN
地址：舟山市定海区青垒路120号凤凰岛
电话：0580-803 1188

NARADA Resort & Spa Liangzhu
ZHEJIANG·CHINA
良渚君澜度假酒店
地址：杭州余杭区良渚文化村内
电话：0571-8900 8888

金马饭店
Jinma Palace
HANGZHOU CHINA
地址：杭州市萧山区通惠中路218号
电话：0571-8288 7888

Hangzhou 1000Island Lake
Greentown Resort Hotel
杭州千岛湖绿城度假酒店
地址：淳安县千岛湖镇新安北路
电话：0571-6508 8888

GONGWANG 公望会
地址：富阳东洲街道株林坞万科公望会
电话：0571-8719 6166

GONGWANG 公望会
地址：良渚文化村白鹭郡南春漫里
电话：0571-8876 7755

陆羽山庄
LUYU RESORT
HANGZHOU CHINA
地址：余杭区径山镇双溪漂流景区内
电话：0571-8850 2888

东方豪生大酒店
Oriental Deluxe Hotel
地址：杭州市艮山西路288号
电话：0571-8676 7888

杭州大华饭店
HANGZHOU
地址：杭州市南山路171号
电话：0571-8718 1888

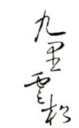
九里云松
PINS DE LA BRUME
地址：杭州市灵隐路18-8号
电话：0571-8798 7999

XIXUAN
SPA HOTELS
地址：杭州市紫金港路西溪天堂
电话：0571-8500 2888

Oakwood Residence
HANGZHOU
杭州奥克伍德国际酒店公寓
地址：杭州市教工路28号
电话：0571-8899 3131

绍兴国际大酒店
Shaoxing International Hotel
地址：绍兴市府山西路100号
电话：0575-8516 6788

XIANHENG
咸亨大酒店
HOTEL
地址：绍兴市解放南路680号
电话：0575-8806 8688

半岛酒店
Peninsula Hotel
NINGBO CHINA
宁波石浦半岛酒店
地址：宁波市象山县金山路218号
电话：0574-6599 9999

桐庐世贸大酒店
WORLD TRADE HOTEL
TongLu·China
地址：浙江桐庐迎春南路36号
电话：0571-6999 9999

HONGLOU
INTERNATIONAL HOTEL
润沁红楼假日酒店
地址：杭州市桐庐县富春路158号
电话：0571-6987 8888

恒元大酒店
Hengyuan Hotel
Cixi China
地址：慈溪市杭州湾区滨海一路55号
电话：0574-5858 9999

假日酒店
Holiday Inn
杭州萧山众安
HANGZHOU XIAOSHAN
地址：杭州市萧山区山阴路688号
电话：0571-8297 7777

乌镇黄金水岸大酒店
Gold River-Side Hotel WuZhen
地址：嘉兴市桐乡乌镇青镇路8号
电话：0573-8872 8888

建德半岛凯豪大酒店
JIANDE PENINSULA KAIHAO HOTEL
地址：杭州市建德新安东路688号
电话：0571-6418 5888

RAMADA® PLAZA
HANGZHOU XIAOSHAN
杭州英冠华美达广场酒店
地址：萧山临江工业园区经五路98-18号
电话：0571-8381 1777

地址：富阳市馆驿里8号
电话：0571-6313 8888

地址：杭州市萧山区水博大道8号
电话：0571-8350 0888

地址：杭州市解放路221号
电话：0571-2803 3666

地址：杭州市学院路29号
电话：0571-8512 2666

地址：杭州市体育场路261号
电话：0571-2811 6666

地址：杭州上城区万松岭路94号
电话：0571-8655 7700

地址：杭州余杭超山风景名胜区
电话：0571-8631 5700

地址：安吉县天荒坪镇大年初一风景小镇
电话：0572-585 0000

地址：湖州市安吉县大山坞自然村68号
电话：0572-513 8166

地址：大理市七里桥感通路以南
电话：0872-668 8888

地址：黄山市黄山区太平湖金盆湾
电话：0559-219 8888

地址：黄山区太平湖风景区滨湖大道1号
电话：0559-529 8888-8301

地址：绍兴市柯桥区稽山南路88号
电话：0575-8999 0000

地址：宁波市象山县象山港路1111号
电话：0574-6577 8888

地址：舟山市普陀区普陀山镇合兴西苑
电话：0580-669 6666

地址：龙泉市剑池东路29号
电话：0578-718 8000

地址：富阳江滨西大道56号
电话：0571-2323 8888

地址：绍兴市柯岩大道518号
电话：0575-8556 8888

地址：绍兴市越城区胜利东路379号
电话：0575-8910 8888

战略合作联盟

阿里巴巴（中国）网络技术有限公司
地址：杭州市滨江区网商路699号
电话：0571-8502 2088

杭州娃哈哈集团有限公司
地址：杭州市清泰街160号
电话：0571-8788 0592

开元旅业集团
NEW CENTURY TOURISM GROUP
地址：杭州市萧山区市心中路818号
电话：0571-8288 8888

浙江科发资本管理有限公司
地址：下城区庆春路38号金龙财富中心
电话：0571-8993 9939

开氏集团有限公司
地址：杭州市萧山区衙前镇
电话：0571-8278 3388

达利国际集团
网址：www.highfashion.com.hk
邮箱：info@highfashion.com.hk

浙江水欣控股集团有限公司
地址：杭州市寰宇商务中心A座2005室
电话：0571-8160 7532

浙江港流高分子科技股份有限公司
地址：杭州市钱江世纪城民和路800号
电话：0571-8587 0851

《杭商》还向以下单位提供阅读服务

机场
北京首都国际机场
上海浦东国际机场
上海虹桥国际机场
天津滨海国际机场
重庆江北国际机场
沈阳桃仙国际机场
大连周水子国际机场
广州白云机场
深圳宝安国际机场
三亚凤凰国际机场
厦门高崎机场
杭州萧山国际机场
宁波栎社国际机场

图书馆
中国国家图书馆
首都图书馆
上海市图书馆
天津市图书馆
重庆市图书馆
河北省图书馆
石家庄市图书馆
山西省图书馆
太原市图书馆
内蒙古图书馆
黑龙江省图书馆
哈尔滨市图书馆总馆
吉林省图书馆
长春市图书馆
辽宁省图书馆
沈阳市图书馆
广东省中山图书馆
广西壮族自治区图书馆
南宁图书馆
海南省图书馆
海口图书馆
湖北省图书馆
武汉市图书馆
安徽省图书馆
合肥市图书馆
江苏省图书馆
南京市图书馆

山东省图书馆
济南市图书馆
浙江图书馆
杭州图书馆
福建省图书馆
福州市图书馆
江西省图书馆
南昌市图书馆
湖南省图书馆
长沙市图书馆
河南省图书馆
郑州市图书馆
陕西省图书馆
西安市图书馆
甘肃省图书馆
兰州市图书馆
新疆维吾尔自治区图书馆
乌鲁木齐图书馆
青海省图书馆
西宁图书馆
宁夏图书馆

银川图书馆
四川省图书馆
成都市图书馆
贵州省图书馆
贵阳市图书馆
云南省图书馆
昆明图书馆
西藏自治区图书馆
拉萨市图书馆

以下人士是《杭商》赠阅的主要对象

★ 国家有关部委领导，浙江省及省内地级或以上城市领导；
★ 国家及省级有关经济研究机构负责人；
★ 杭州市级机关领导班子成员，各县（市、区）领导班子成员及县（市、区）管干部；
★ 在杭国家级及省级开发区领导班子成员；
★ 世界企业500强在杭机构，在杭中央、省属国企，杭州市大企业大集团、重点企业、拟培育重点工业企业负责人；
★ 其他我们认为有赠阅价值的各界人士……

杭州市杭商研究会
HANGZHOU MERCHANTS RESEARCH ASSOCIATION

会　长：
王水福　西子联合控股有限公司董事长

常务副会长：
聂忠海　杭汽轮集团有限公司董事长

轮值会长：
胡季强　康恩贝集团有限公司董事长
蒋　明　杭氧集团有限公司董事长
沈金荣　中策橡胶集团有限公司董事长
竺福江　杭州民生医药控股集团有限公司董事长
童民强　杭州解百集团股份有限公司董事长
陆鸿敏　杭州金鱼电器集团有限公司董事长
钱　峰　浙江文创控股集团有限公司董事长
屠红燕　万事利集团有限公司董事长
张国标　富春控股集团有限公司董事长
田　宁　浙江盘石信息技术有限公司董事长兼首席执行官
王麒诚　汉鼎宇佑集团有限公司董事长
陶晓莺　三替集团有限公司董事长
郑晓峰　杭州千岛湖啤酒有限公司董事长

副会长：
辛　薇　杭州市政协巡视员
吴晓波　浙江大学管理学院院长、浙江大学全球浙商研究院院长
陈　智　浙江大学医学院常务副院长、教授
王曙光　浙商研究会副会长、浙江大学管理学院研究员、教授
杨轶清　浙商研究会副会长、浙江工商大学浙商研究院副院长
胡宏伟　浙商研究会副会长、东方早报副社长兼浙江分社社长
徐王婴　浙商研究会副会长、秘书长
张晓敏　杭商研究会常务副秘书长
郭常平　浙江大学继续教育学院副院长
仇建平　巨星投资控股集团有限公司董事长
汪建敏　杭州千岛湖发展有限公司总经理
陈烟土　浙江新南北控股集团有限公司董事长
陈贤兴　利尔达科技集团股份有限公司董事长
张　晨　杭州联合银行董事长
吴启元　浙江君亭酒店管理股份有限公司董事长
章国经　西湖电子集团有限公司党委书记、董事长
朱明虬　思美传媒股份有限公司董事长
叶水泉　杭州源牌集团有限公司董事长
陈　斌　赛伯乐基金创始合伙人兼总裁
徐建军　开始众筹创始人兼CEO
张良伦　贝贝网创始人兼CEO
管建平　风雅颂扬文化传播集团（杭州）有限公司董事长

秘书长：
辛　薇　杭州市政协巡视员

常务副秘书长：
张晓敏　杭州市杭商研究会常务副秘书长（兼）

副秘书长：
姚丽萍　杭报集团副总编辑
张国华　杭州种业集团副总经理
莫兆洋　杭氧集团有限公司办公室主任
叶芙蕾　杭州解百股份有限公司综合办公室主任
付立飞　西子联合控股有限公司党办主任
李　波　杭州金鱼电器集团有限公司总经理助理
倪国良　中策橡胶集团有限公司办公室主任
陈燕平　康恩贝集团公司总裁办副主任
茅丽红　民生药业集团有限公司办公室主任
周永亮　华东医药股份有限公司副总经理
汪君玮　杭州市文化创意协会常务秘书长
袁　秩　富春控股集团有限公司董办副主任
钟晓晓　农夫山泉股份有限公司总裁办主任
王　红　浙江盘石信息技术有限公司总裁办主任
叶　臻　三替集团有限公司董事长助理
闻光凯　汉鼎宇佑集团有限公司董事长助理
刘铁军　杭州市金融投资集团办公室主任
程　翀　万事利集团有限公司办公室主任
陈明亮　杭汽轮集团有限公司办公室副主任
许君波　杭州市发展研究中心文化建设研究处副处长
王　莉　杭州市杭商研究会培训中心主任

韩建明 摄

常务理事：

丁少华	杭州吉利易云科技有限公司总经理	张炎良	杭州市园林绿化股份有限公司总裁
丁浚哲	浙江厚道资产管理有限公司总裁	张艳阳	浙江小咖投资管理有限公司创始合伙人
丁惠敏	浙江省老字号企业协会秘书长	陆幼江	浙江五联律师事务所主任、市律师协会党委委员
马兴法	天马控股集团有限公司董事长	陈杭生	浙江中新力合控股有限公司总裁
王 明	浙江省众智互联网研究院院长	陈宗年	杭州海康威视数字技术股份有限公司董事长
王文娟	杭州博创企业管理咨询有限公司总经理	陈海斌	浙江迪安诊断技术股份有限公司董事长
王伟础	杭州市城市品牌促进会秘书长	林 东	杭州绿盛集团有限公司董事长
王米成	杭州鸿雁电器有限公司总经理	金 波	FM89广播电台总监
王敏翔	浙江邮美实业有限公司集团CEO	金 峰	浙江蔚庭新能源科技有限公司董事长
毛靖翔	杭州米趣网络科技有限公司董事长	周永亮	华东医药股份有限公司副总经理
方 毅	浙江每日互动网络科技有限公司总经理	周建中	浙江数联云实业有限公司董事长
方向生	杭州硬功馆科技有限公司创始人	郑建武	浙江脸谱科技有限公司董事长
兰建军	杭州小拇指汽车维修科技股份有限公司总裁	赵礼敏	杭叉集团股份有限公司董事长
朱跃明	浙江久加久食品饮料连锁有限公司董事长	赵云池	浙江小咖投资管理有限公司合伙人
刘 恩	浙江智仁律师事务所主任	胡祥甫	浙江金道律师事务所主任
安 行	杭州天任生物科技有限公司创始人	钟睒睒	农夫山泉股份有限公司董事长
许 亮	市旅行社协会副会长、中国国旅（浙江）国际旅行社有限公司总经理	姜广勇	杭州九阳小家电有限公司董事长
孙叶明	杭州启思创投资管理有限公司董事长	姜巨舫	浙江英特药业有限责任公司总经理
李 琦	杭州瑞德设计有限公司创始人	祝旭慷	浙江南鸿装饰股份有限公司董事长
李立成	杭州凸凹文化发展有限公司总经理	聂 伟	杭州读族教育科技有限公司总经理
李金宝	桐君堂药业有限公司董事长	钱迪文	大新华国际会议展览有限公司浙江分公司总经理
李晓桃	杭州欣盛房地产开发有限公司总经理	席挺军	杭州文化娱乐品牌促进会常务副会长
杨罕闻	杭州万承志堂国药馆有限公司董事长	李炳清	雷迪森旅业集团常务副总裁
吴宇飞	杭州博见企业管理咨询有限公司总经理	董顺翔	知味观味庄餐饮有限公司总经理
吴国平	浙江外婆家餐饮集团有限公司创始人	嵇国光	杭州久盛管理咨询集团有限公司总经理
吴晓农	浙大网新信息控股有限公司副总裁	程力栋	浙江永乐影视股份有限公司董事长
何 澜	杭州爱蹭课网络科技有限公司总经理	傅小刚	杭州悦蓉科技有限公司董事长
邹宗平	杭州海丝泉化妆品有限公司董事长	傅利泉	浙江大华技术股份有限公司董事长
沙建国	杭州茶爽科技有限公司执行董事	傅政军	天鸽互动控股有限公司CEO
沈 骏	康凯科技（杭州）有限公司董事长	谢利河	杭州慧合利企业管理咨询有限公司总经理
沈宇清	杭州市青藤茶馆有限公司董事长	蔡红亮	杭州郝姆斯食品有限公司总经理
张国华	杭州种业集团副总经理	缪 亮	运动世界创始人
张昌金	浙江慧通广告有限公司董事长		

ALLIANCE OF HANGZHOU BUSINESS INTERNATIONAL INNOVATION
杭商国际化创新联盟

　　杭商国际化创新联盟成立于2016年8月,是杭商培育品牌、记录成就、展示成果、沟通信息、交流经验的重要阵地。联盟联合国内顶级经济智库,优质创投公司,境外一线财富管理机构、医疗服务部门,中央及省市新闻单位,为成员单位提供国内资产优化、创业投资、财富管理、海外体检医疗及媒体资源整合等服务。

主席团：

宗庆后	娃哈哈集团有限公司董事长
汪力成	华立集团股份有限公司董事局主席
王水福	西子联合控股有限公司董事长
陈妙林	开元旅业集团有限公司董事长
周立武	兴源环境科技股份有限公司董事长
陈越孟	浙商创投股份有限公司董事长
陈晓锋	浙江科发资本管理有限公司董事长
张国强	凯喜雅集团董事长
邱娣兵	品融控股集团董事长
林典誉	达利（中国）有限公司总经理
方吾校	胜达集团有限公司董事局主席
马仁德	香港好德利集团董事局主席
田　宁	盘石网盟董事长
应仁忠	西纳维思（杭州）服装服饰有限公司董事长
陈　敏	杭州利星名品百货广场有限公司董事长
郑　历	杭州明视康眼科医院院长
项兴良	开氏集团有限公司董事长
钱培鑫	浙江和康医疗集团董事长
蒋文龙	浙江水欣集团股份有限公司董事长
傅妙奎	柳桥集团有限公司董事长

常务理事：

丁国良	杭州天创环境科技股份有限公司董事长
王真震	浙江信网真科技股份有限公司董事长
方　琴	杭州贝嘟科技有限公司董事长
叶水泉	源牌集团董事长
卢敬锋	杭州乾球环境工程有限公司董事长
白友其	浙江易之园林股份有限公司董事长
刘　琼	杭州米络科技有限公司董事长
刘红才	浙江申通快件服务有限公司总经理
华建华	杭州域农科技股份有限公司董事长
江有归	杭州泰一指尚科技有限公司董事长
何永富	杭州之江有机硅化工有限公司董事长
沈新荣	杭州哲达科技股份有限公司董事长兼总裁
沈铁伟	杭州市信息安全产业园总经理
邵海燕	浙江尚哲投资管理有限公司董事长
陈　凯	杭州华普永明光电股份有限公司董事长
吴家平	杭州佳平影业有限公司董事长
吴俊宏	浙江远图互联科技股份有限公司董事长
陆张法	浙江宏发集团有限公司董事长
张　杰	宝杰华醒科技（杭州）有限公司董事长
张朝设	浙江港流高分子科技股份有限公司董事长
罗　林	格格医疗科技（上海）有限公司创始人
杨　华	杭州紫邦园林有限公司董事长
杨隐峰	浙江泛嘉控股有限责任公司董事长
孟宏亮	杭州元弘投资管理有限公司董事长
孟一新	浙江泰杉文化科技有限公司董事长
范　渊	杭州安恒信息技术有限公司董事长
周广鹭	浙江炬荣集团董事长
胡　强	杭州中广物业管理服务有限公司董事长
胡敏翔	杭州绩优投资管理有限公司董事长
项　勇	杭州钱江电气集团股份有限公司总裁
高　敏	汉帛国际有限公司总裁
顾惠波	浙江甲骨文超级码科技股份有限公司董事长
倪卫明	杭州田厚市政有限公司董事长
章金顺	杭州西苑跨湖楼餐饮有限公司董事长
章云樵	俞同春股份有限公司董事长
童妙兴	杭州汇成建设工程有限公司董事长
傅　丽	浙江路易房地产开发有限公司董事长

理事：

马仁爱	杭州红研颜料化工有限公司总经理
马雪峰	杭州涌源投资有限公司董事长
王玲娟	浙江金迪控股集团有限公司总经理
王　炜	浙江荣庆工程管理有限公司董事长
邓　艳	杭州康宇旅行社有限公司总经理
田伟建	杭州田野提花织造有限公司董事长
冯水军	杭州铭绿建材有限公司总经理
李　敏	浙江人众金融服务股份有限公司董事长
许凤娟	杭州南峰非织造布有限公司总经理
汤甘诗	杭州康新轴承制造有限公司董事长
汪娅平	浙江蕾蕾美颜连锁发展有限公司董事长
张　俊	杭州发达齿轮箱集团有限公司董事长
张子钢	杭州掌维科技股份有限公司董事长
余建国	浙江国杰建设有限公司董事长
杨水福	杭州重型钢管有限公司董事长
沈　迪	杭州映山花颜料化工有限公司董事长
沈　源	杭州开元管件有限公司总经理
沈浙皓	浙江美邦实业集团有限公司董事长
邹怡臻	杭州铁集货运股份有限公司总经理
陈　伟	杭州万达方向机有限公司董事长
陈国火	浙江数通实业有限公司董事长
陈张洪	杭州潮洪建材有限公司董事长
汪国灿	杭州萧山佳美保洁有限公司总经理
李利珍	浙江力禾集团有限公司董事长
陆长兴	杭州杭新印花整理有限公司总经理
周友春	杭州萧山园林集团有限公司董事长
罗　辉	浙江精侍健康管理有限公司董事长
俞春根	浙江久工精密机械有限公司董事长
俞正泉	安徽满贯农业科技有限公司董事长
赵丽萍	杭州花之城纺织有限公司总经理
高清淼	杭州巨创网络科技有限公司董事长
高利峰	杭州祥程资产管理有限公司董事长
桑张耿	浙江舜达伟业物资有限公司总经理
翁建坤	杭州航峰金属材料制造有限公司董事长
莫甫根	杭州金南工量具有限公司董事长
黄成安	紧商科技股份有限公司董事长
朱念东	林森建设集团董事长
程常杰	浙江天蓝环保技术股份有限公司总经理
曾曙光	浙江融哲律师事务所主任
楼伟杰	杭州海尔希畜牧科技有限公司董事长
蔡才勤	浙江萧山建宏商品混凝土有限责任公司总经理
蔡志梅	杭州钱浪涂料科技有限公司董事长

会员：

丁兆祥	杭州晨莹自行车配件有限公司总经理
卜士良	杭州吉利机械有限公司董事长
王国林	杭州豪康幕墙装饰有限公司总经理
汤劲刚	杭州塞勒尼光电科技有限公司董事长
杨　云	杭州晓阳水产品有限公司董事长
范小明	浙江恒迪寝具有限公司总经理
俞悦利	杭州悦达市政建设工程有限公司总经理
赵万里	杭州瑞丰汉艺纺织品有限公司董事长
高贤军	杭州华美制衣有限公司总经理
高尧泉	杭州萧山建一五金有限公司总经理
徐红英	杭州萧山鼎福门大酒店总经理
傅世根	杭州天宇化工有限公司总经理
傅小青	杭州通绿机械有限公司总经理
缪建章	杭州杭新印花整理有限公司厂长

图书在版编目（CIP）数据

杭商. 2019（第五辑）/《杭商》编辑部编. —北京：经济管理出版社，2019.8
ISBN 978-7-5096-6907-5

Ⅰ. ①杭… Ⅱ. ①杭… Ⅲ. ①商业史—研究—杭州 Ⅳ. ①F729

中国版本图书馆CIP数据核字（2019）第195662号

出　　版：	经济管理出版社
	（北京市海淀区北蜂窝8号中雅大厦A座11层　100038）
组稿编辑：	张巧梅
责任编辑：	张巧梅
责任校对：	王淑卿
电　　话：	（010）51915602
经　　销：	新华书店
印　　刷：	杭州强顺印刷有限公司
开　　本：	210mm×285mm　1/16
印　　张：	12.5
字　　数：	318千字
版　　次：	2019年12月第1版
印　　次：	2019年12月第1次印刷
书　　号：	ISBN 978-7-5096-6907-5
定　　价：	30.00元

（版权所有，翻印必究）